CW01664804

10分钟让你爱上速写

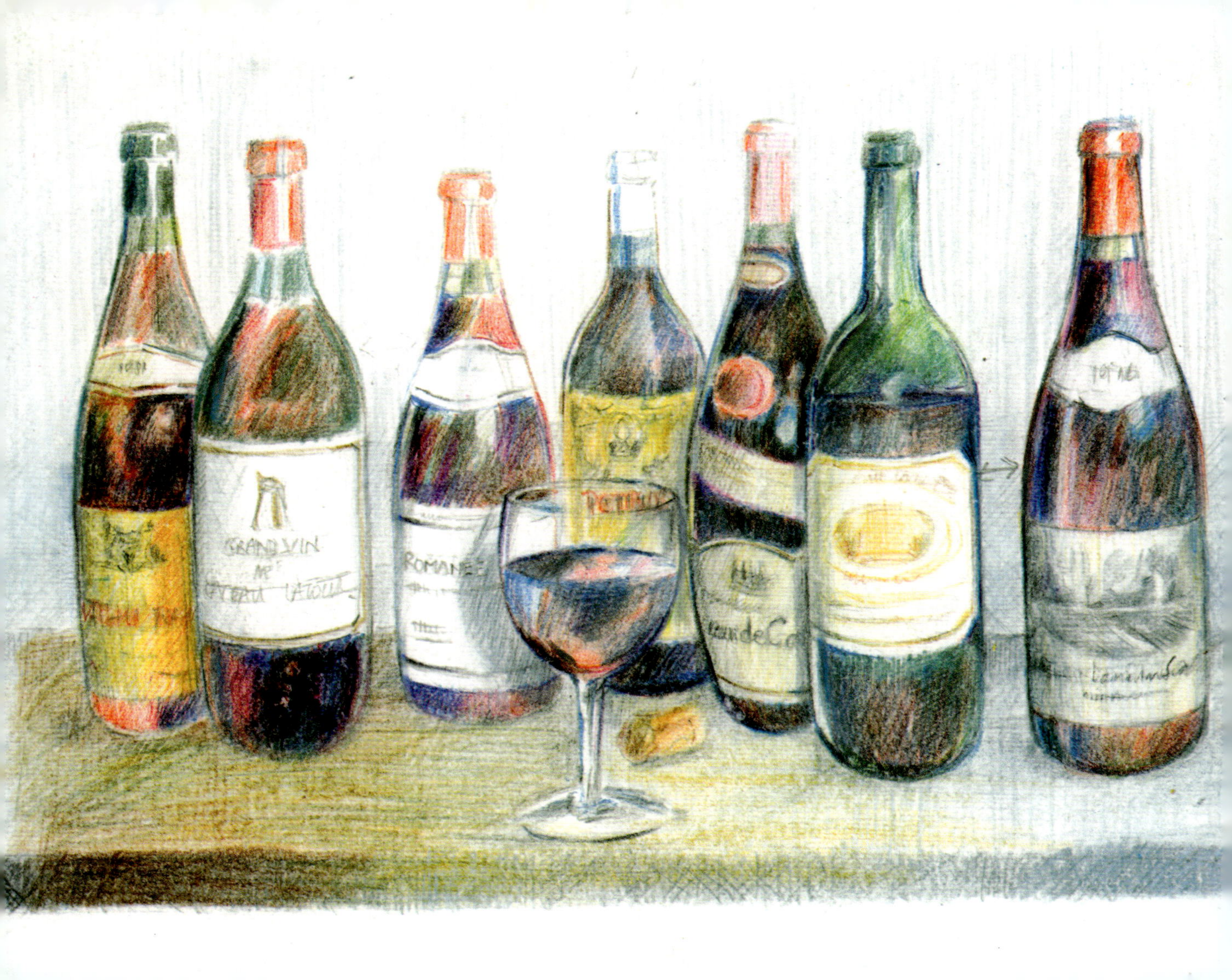
GRAND VIN

10分钟让你爱上速写

〔英〕莎伦·芬马克 著

邵晓丹 译

浙江人民美术出版社

Learn Drawing Quickly:
Copyright © Batsford, 2016
Text and Illustrations © Sharon Finmark, 2016
First published in Great Britain in 2016 by Batsford
An imprint of Pavilion Books Company Limited, 1 Gower Street, London, WC1E 6HD
合同登记号：
图字：11-2016-237号

图书在版编目（CIP）数据

10分钟让你爱上速写 /（英）莎伦·芬马克著 ；邵晓丹译. -- 杭州 ：浙江人民美术出版社，2017.10

ISBN 978-7-5340-6135-6

Ⅰ. ①1… Ⅱ. ①莎… ②邵… Ⅲ. ①速写技法 Ⅳ. ①J214

中国版本图书馆CIP数据核字(2017)第210742号

责任编辑 张嘉杭 吕逸尔
责任校对 黄 静
责任印制 陈柏荣

10分钟让你爱上速写

【英】莎伦·芬马克 著
邵晓丹 译

出版发行 浙江人民美术出版社
地 址 杭州市体育场路347号
制 版 浙江新华图文制作有限公司
印 刷 浙江新华数码印务有限公司
版 次 2017年10月第1版·第1次印刷
开 本 965mm × 1270mm 1/32
印 张 3.5
字 数 35千字
书 号 ISBN 978-7-5340-6135-6
定 价 48.00元

■关于次品（如乱页、漏页）等问题请与承印厂联系调换。

严禁未经允许转载、复写复制（复印）

目　录

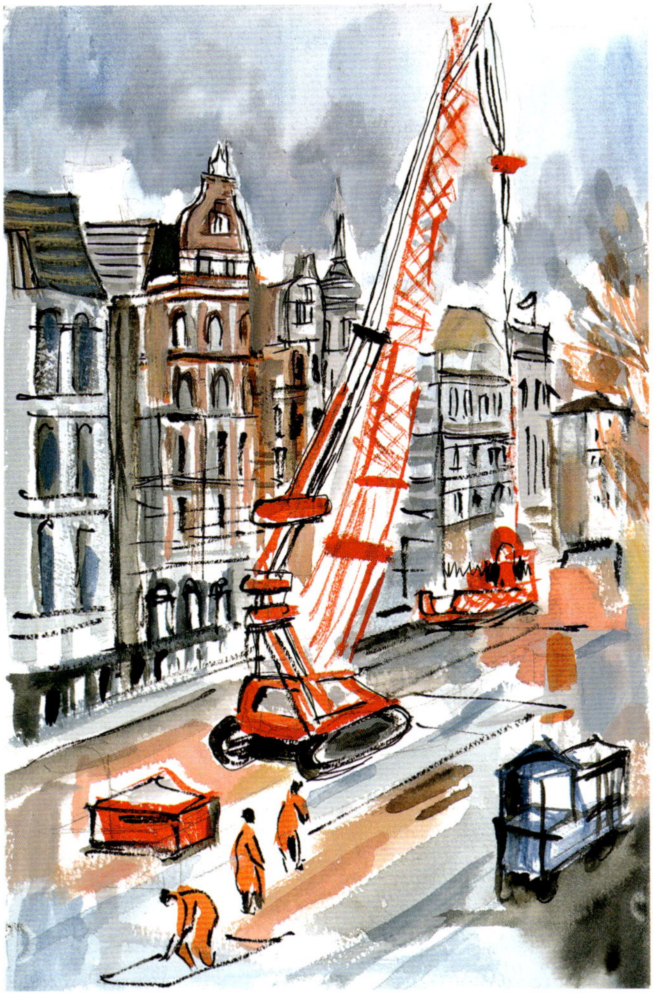

前　言

绘画作品可能是一张速写。速写是一门值得细心钻研的学科。通过速写，你可以记录生活，或者仅仅享受创作的乐趣。绘画的关键在于视觉角度和绘画技法。

本书从简单的练习和理念入手，鼓励用独辟蹊径的方法进行创作，帮助你形成属于自己的个人风格。你将探索所有你可能选择作画的物体形状，选择适合你也符合主题的材料，学会如何画出生动的作品，把所有元素整合为有趣成功的画作。

第2页：酒瓶彩色铅笔画。多种颜色的叠加组成酒瓶的深红色，白纸构成瓶子上的高光部分。

◁这幅城市建筑工地图是用画笔和水彩画颜料完成的。红色的起重机和灰色的天空形成了鲜明的对比。

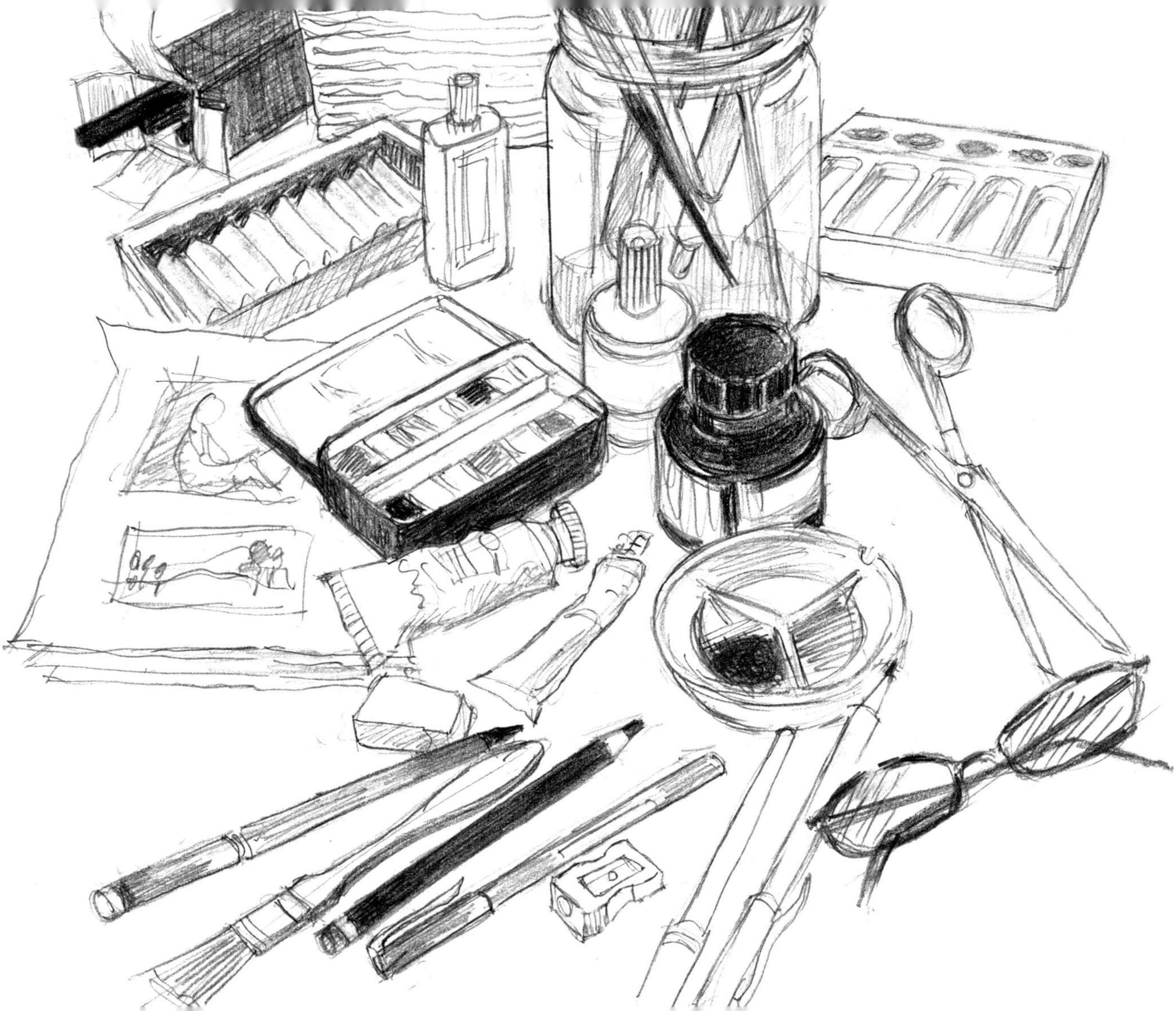

第一章

材料和笔触

绘画工具有很多种，研究不同工具的作用是一件十分有趣的事。在本书中，你将发掘可能的纹理以及它们的潜在用途，从而建立一张笔触汇总表。流行易得的绘画工具包括铅笔、炭笔、粉笔、蜡笔、钢笔以及用画笔或钢笔涂抹的颜料。你还需要橡皮、有纹理的图画纸和带颜色的图画纸。

◁花费不多的钱就可以买到需要的钢笔、铅笔、颜料、墨水和其他一些必需的配件，熟悉这些材料能让你动笔绘画时更为容易。

绘画材料

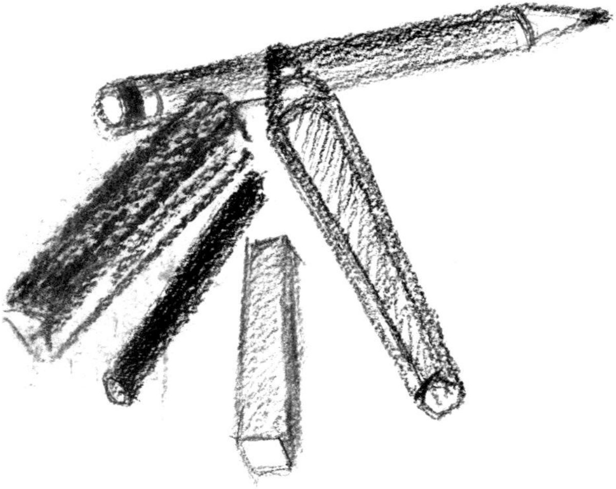

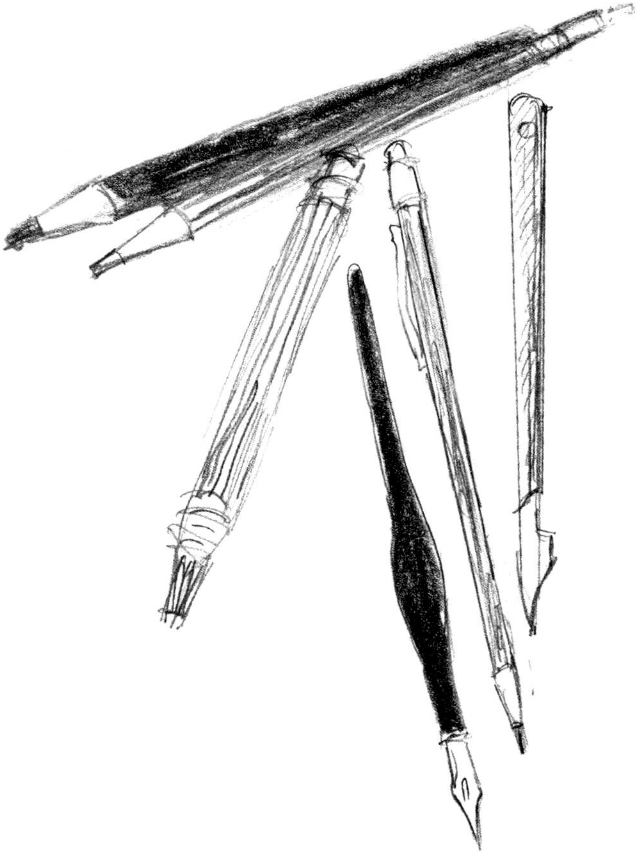

△线条柔和的绘图工具包括末端方正的粉蜡笔、硬蜡笔、压缩炭条、炭精条、铅笔和粗的石墨铅笔。

▷自动铅笔和蘸水笔画出的笔迹干净而精确。

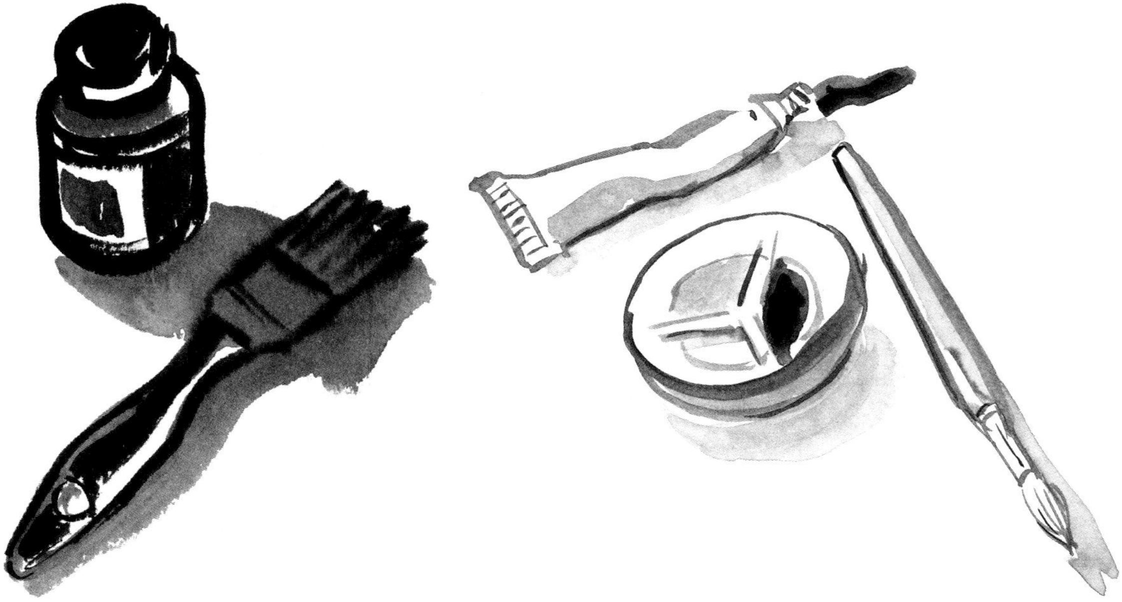

取黑色印第安墨水时我会选用大号的软毛画笔，取水彩画颜料则选择一支较小的软毛画笔。稀释后的墨水和颜料都能呈现某种色调，但有所区别。墨水的渗透速度较快，能呈现不同色品的黑色，色饱和度也更高。钢笔和画笔结合使用的方法十分有效。

管状水彩画颜料所装的颜料比画盒(小格状)多，因此可以画出更大的作品。但颜料本身是没有差别的。

炭笔和铅笔所画的纹理

对于那些表面带有图案和纹理的物体，一开始不要试图画出整个物体，尝试画出其外观即可。考虑描绘某个物体的纹理部分，比如洋葱、电线、细绳、鹅卵石、贝壳、金属等等，任何你喜欢的物体均可。在绘制物体整体之前，先琢磨一下它们的特征。

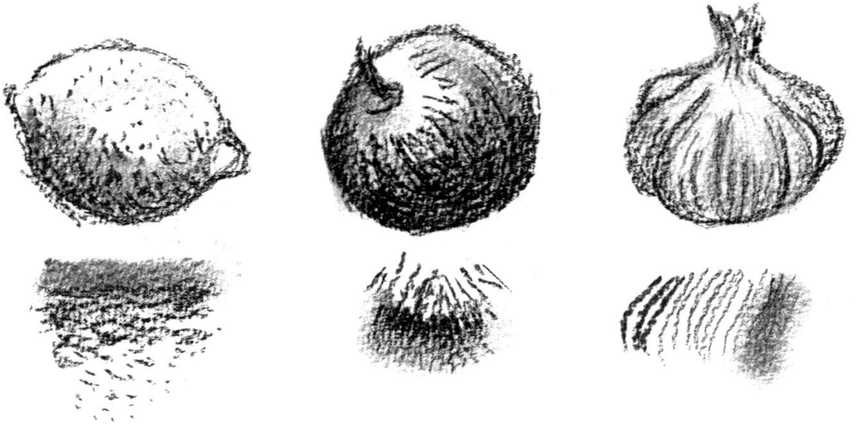

▷观察普通的水果或蔬菜，有助于你了解简单的基本形状，学会如何绘制蔬果的表面纹理。最上面一组用炭笔绘制，展现通过炭笔所描绘的点、线以及混合应用。而下面两组展示的是同样的物体，不过由铅笔绘制而成。其纹理与阴影的笔触更为纤巧精细。

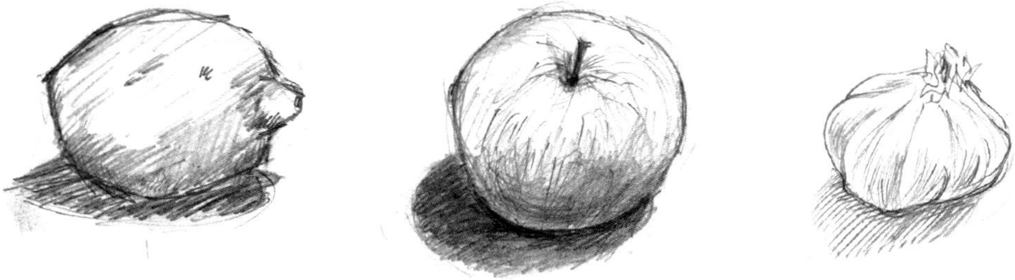

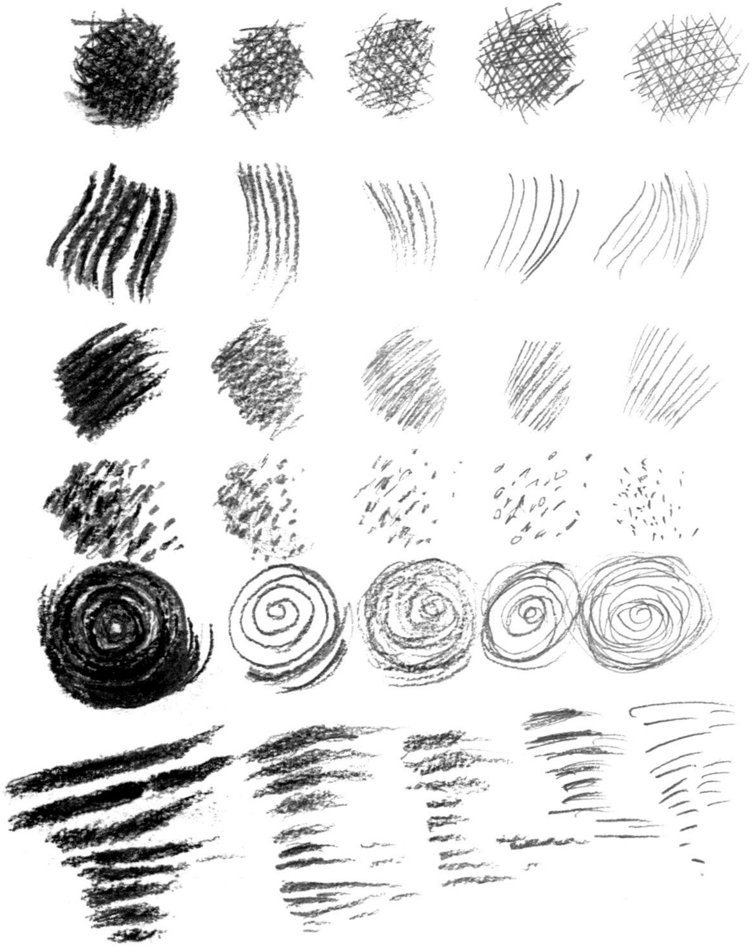

左图中，笔触由苍劲有力过渡到精致细腻，所使用的材料依次是炭笔、炭铅笔、软性的8B铅笔再到硬性HB铅笔。软性笔的笔触较深，适合描绘阴影部分，而笔触较浅的更适合刻画细节部分。为了营造天鹅绒般的感觉，最为快速的方法就是用手指轻擦炭画以达到阴影效果。

硬铅笔所呈现的纹理与笔触

这一页有一条长长的曲线。这条曲线展示了从软铅笔到硬铅笔笔触的变化。除此之外，还有一些笔触进一步展示了铅笔的硬度变化。作画前，尝试用此处给出的不同方法营造色调，再从中挑选出最适合主题的方法。先画上紧密相间的平行线，再以合适的角度画上另一组线条（称为“交叉影线”）。这种方法特别适合描绘自然物体，比如贝壳和草编提篮。

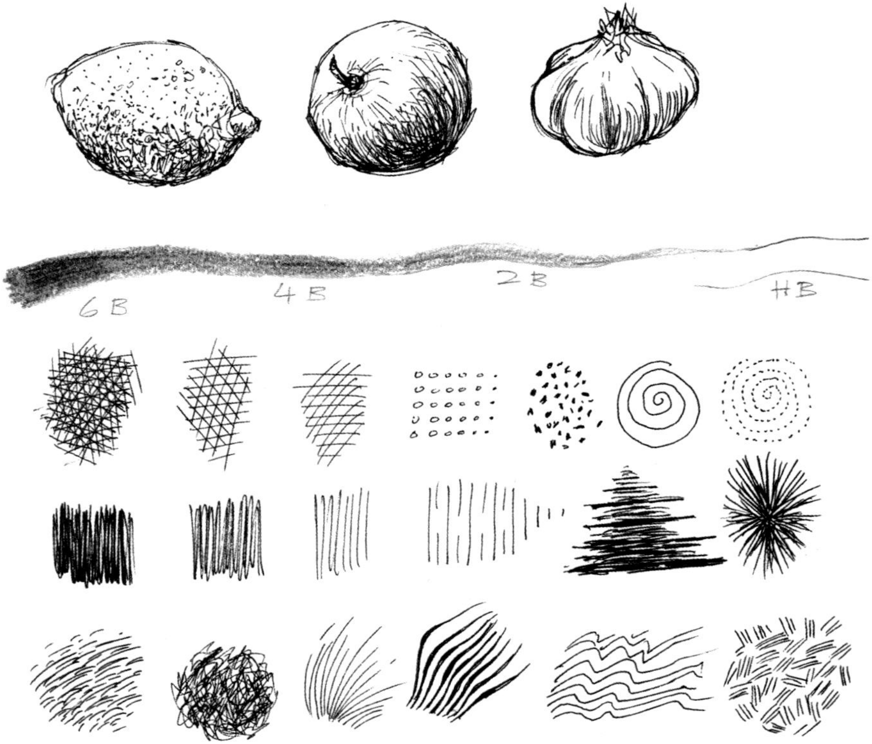

运用钢笔，你可以通过潦草的线条勾画外观，以重叠的线条营造较暗的色调，比如说鞋子的内部。运用蘸水笔，你的画纸上可能会滴上几滴墨水，但这并不是失误，反而会很有趣。

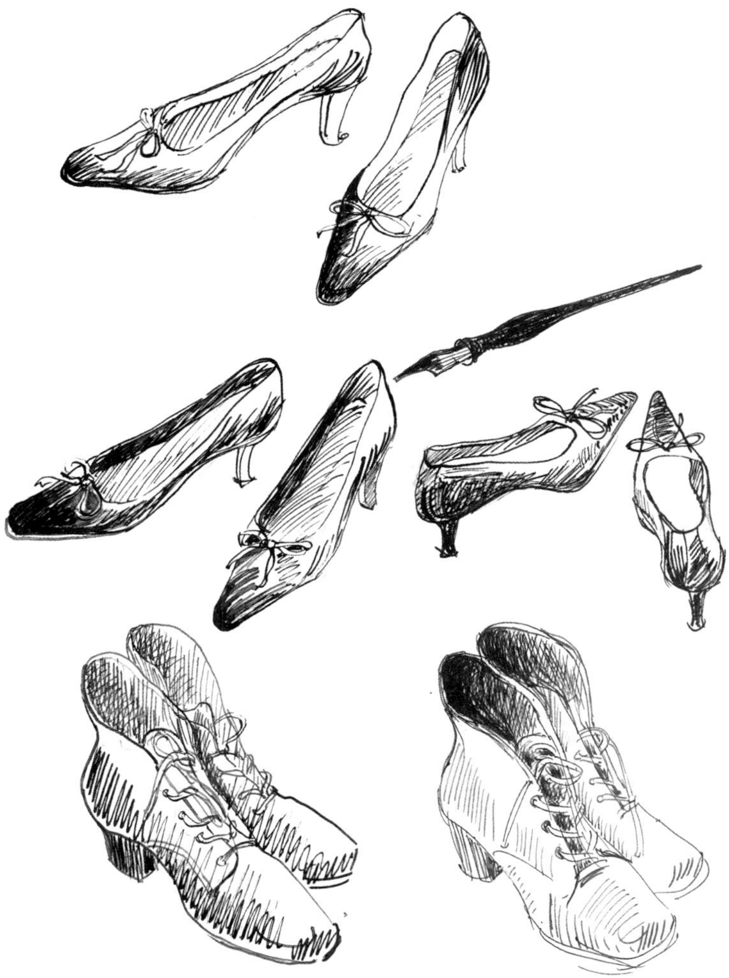

彩色铅笔

彩色铅笔的使用方法与普通铅笔的使用方法相同。但它有个优点，就是你可以巧妙地运用手法在某种颜色上铺上另一种颜色。

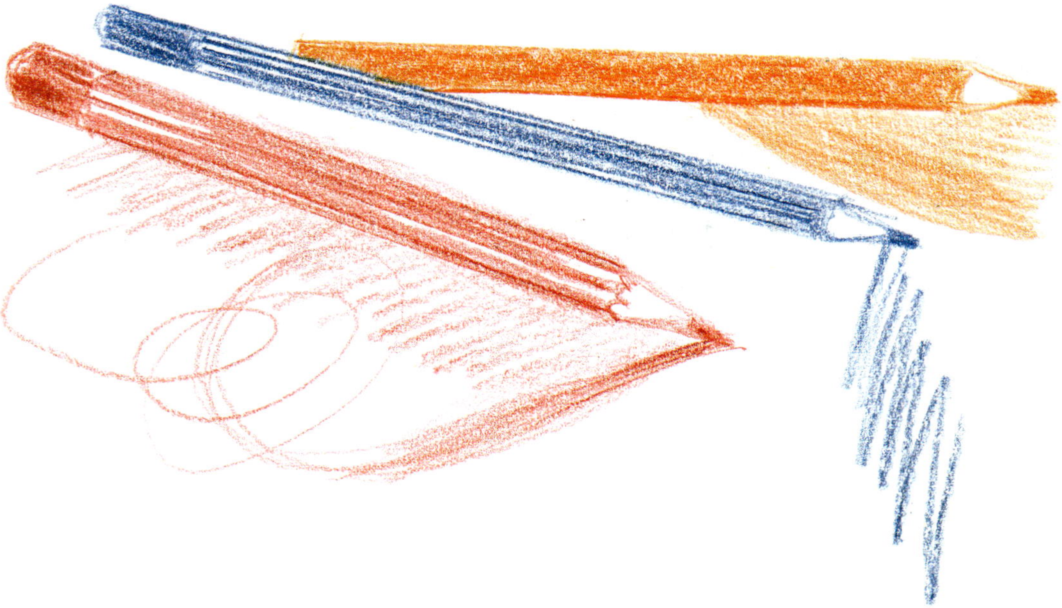

蜡　笔

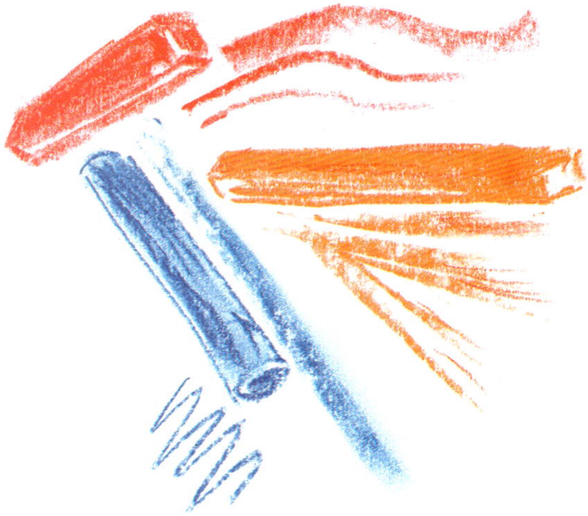

粉笔型蜡笔可能制成圆棒形或方棒形。在大面积涂抹有纹理的区域时，尤其是在专为蜡笔画设计的纹理纸上，记得使用蜡笔的某一侧而不是蜡笔的一端。如果画作中对比十分强烈，可以利用浅色纸张添上白色，展现作品的高光部分。

在蜡笔画中，你可以利用涂或擦的手法糅合颜色，虽然这与颜料的糅合有所不同。

彩色马克笔

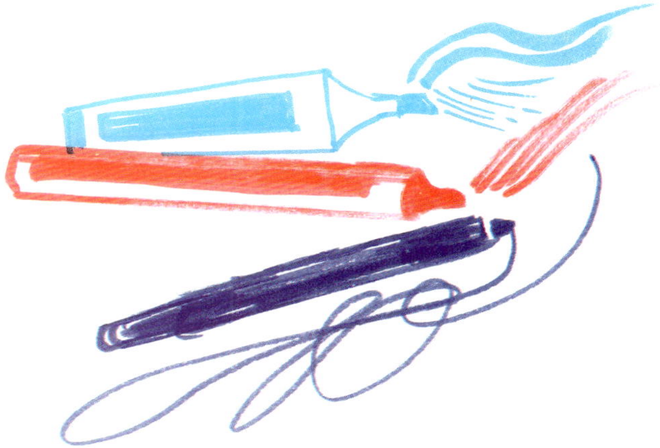

彩色马克笔色彩十分鲜艳。你只有买了大量的马克笔，才会看出它们之间微妙的变化。为了画出不同的笔触，你还需要买笔尖规格不同的马克笔。笔尖规格不同，粗细也有所变化。

彩铅、钢笔、蜡笔所呈现的纹理

右图中的几组柠檬、苹果和洋葱分别由不同的材料画成：彩色铅笔（上图）、钢笔（下图）、蜡笔（另一页的上图）。它们的质感均有所不同。运用这些材料，通过不同的笔迹，如点、线、面绘制物体，能够展现物体的立体感。例如，点彩法特别适合画柠檬皮上的麻点部分，还适用于增加点的密度，加深底部区域，营造三维的视觉效果。

钢笔具有永固性，所以你要对自己的落笔相当有自信。但是对于模糊的蜡笔画，技法要求就比较随意了。

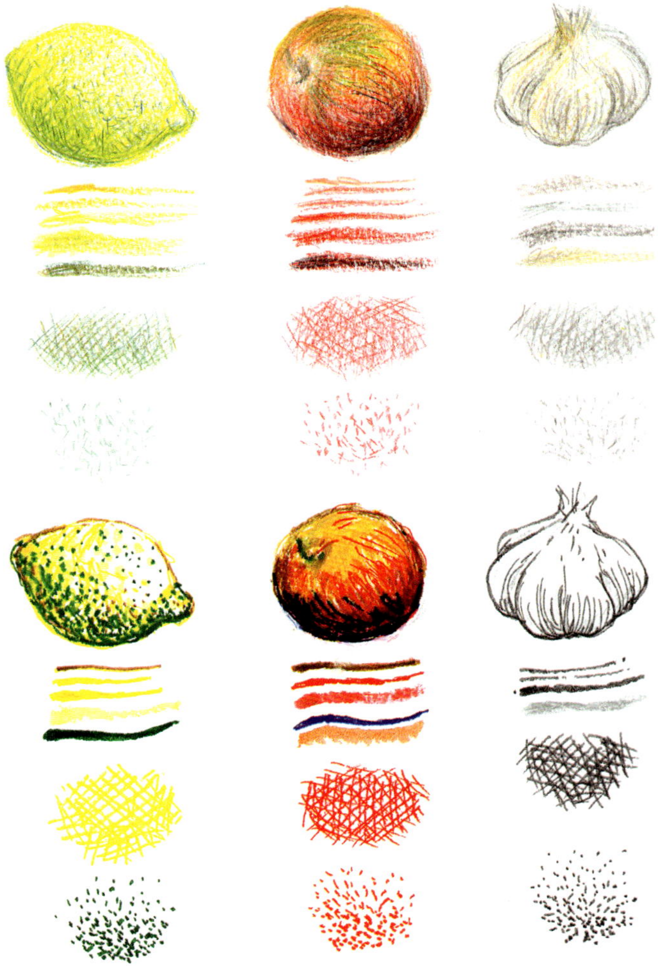

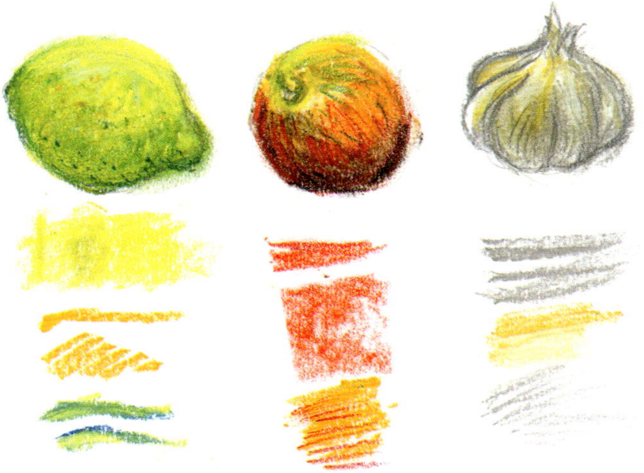

用蜡笔的一侧着色时，图画色彩鲜艳、明亮。

下面的各种笔触图展示了作画时所用的颜色以及可能发生的变化，从而可以使读者进一步探寻颜色的特性。

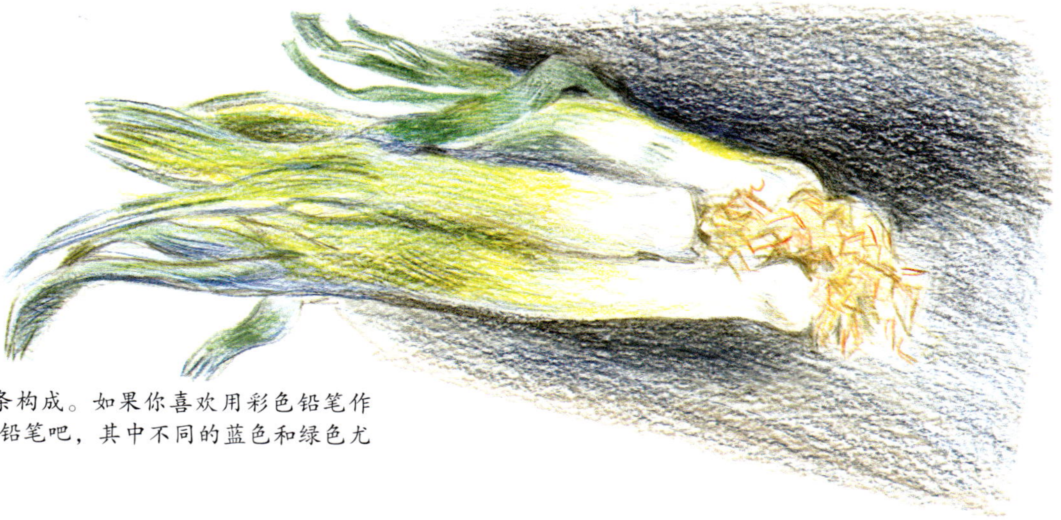

▷右图中的大葱由线条构成。如果你喜欢用彩色铅笔作画的话，就买各种颜色的铅笔吧，其中不同的蓝色和绿色尤其适合绘画阴影部分。

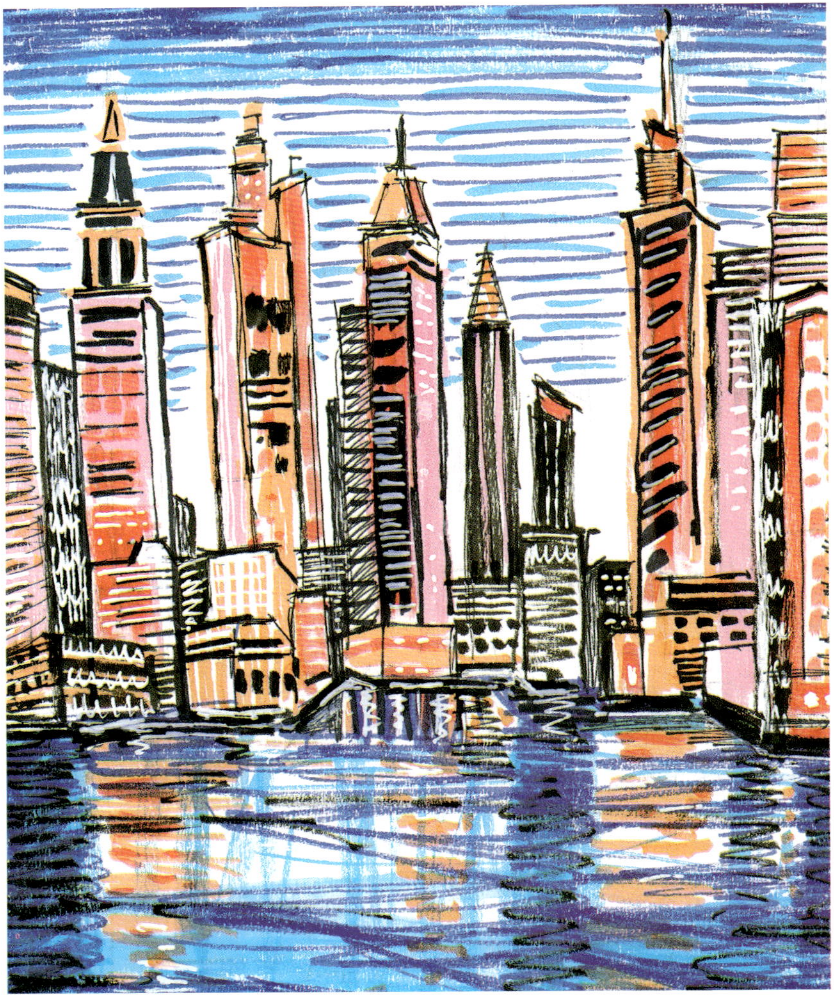

▷用马克笔填上大部分亮色是一种十分富有创造力的方法。在这幅城市夜空图中，包含了精细的线条笔触和用粗笔尖画出的较宽的笔触。

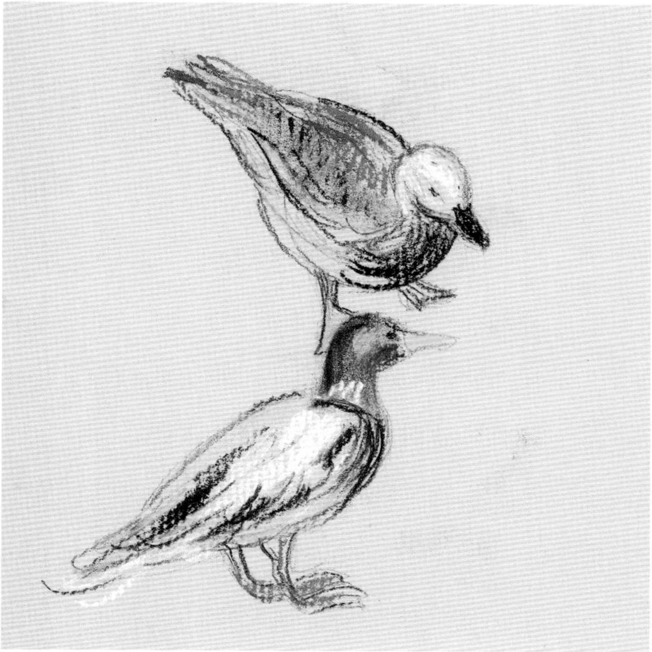

△我选择略带纹理的浅色色纸作为画纸。这种纸质特别适合用蜡笔作画。你还可以用白色蜡笔画出亮部，而不仅仅依赖于白纸的本色。纹理纸意味着蜡笔会嵌入细微的纹路中。不过由于蜡笔性质较不稳定，你可以喷点定画液（或发胶），防止画面模糊。

▽下图中纸张的选择和蘑菇的颜色有关，所以着重渲染了画面周遭的暗部和茎柄的亮部。

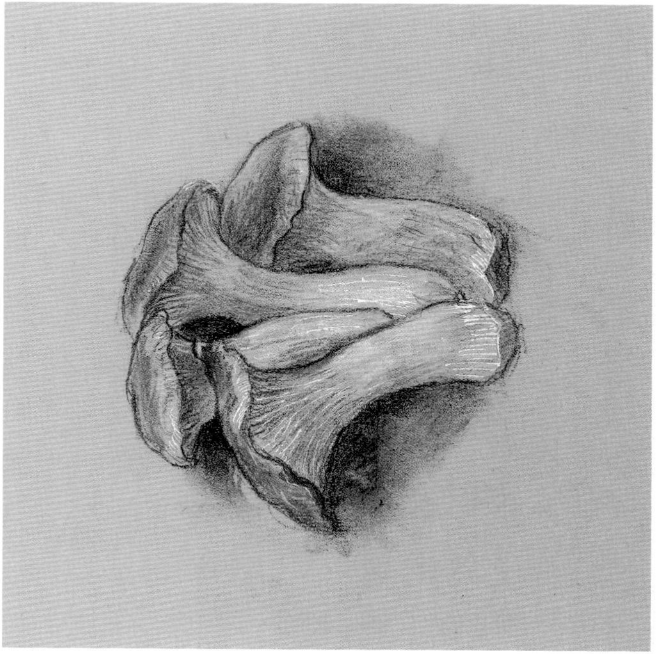

第二章

形状与形式

世界都是由基础简单的形状构成的，大部分形状都可以简化为某个立方体、球体、圆锥体或圆柱体。你会发现仔细观察、分析物体的潜在形状对你的创作十分有帮助，无论是画一个苹果、一把茶壶还是一栋复杂的大型建筑。一切物体，包括人像的绘画都可能是从最简单的点开始的。

◁在用毛笔绘画厨房用品时，我选择运用简朴的线条，通过着笔时的压力强调它们的曲线。这些物品都是由基本图形构成的，甚至连咖啡杯也可以简化为三角形。如果你被复杂的题材吓到的话，那就从核心基础开始，然后再细细描绘。

基本形状

对于立方体、球体、圆锥体、圆柱体，我们已经很熟悉了。因为我们从婴儿时期就开始认识这些形状，学会把色彩醒目的形式组合在一起。因此，把复杂的物体简单化，回归到这些熟悉的形状，能够马上提高我们的自信心。即使是刚接触绘画的初学者也会觉得，画这些形状是他们熟悉且经历过的。

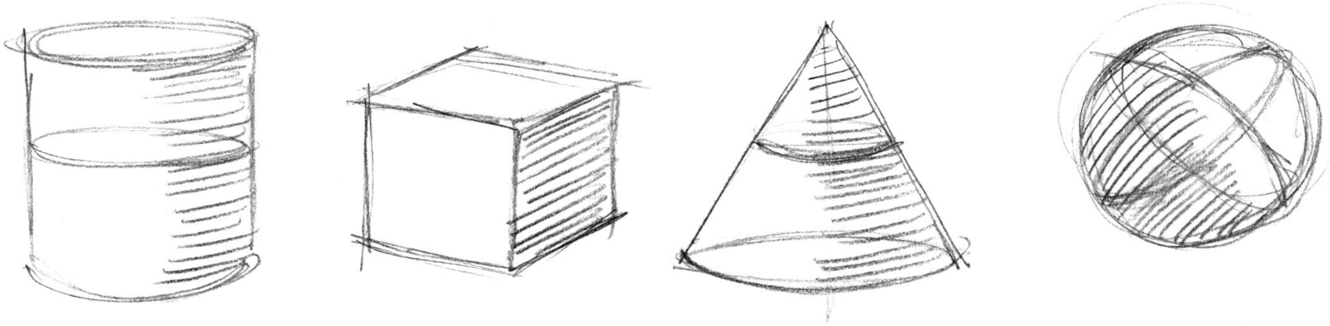

△上图的铅笔画中分别展示了圆柱体、立方体、圆锥体和球体。添加的阴影部分使得它们看起来更为真实、立体。

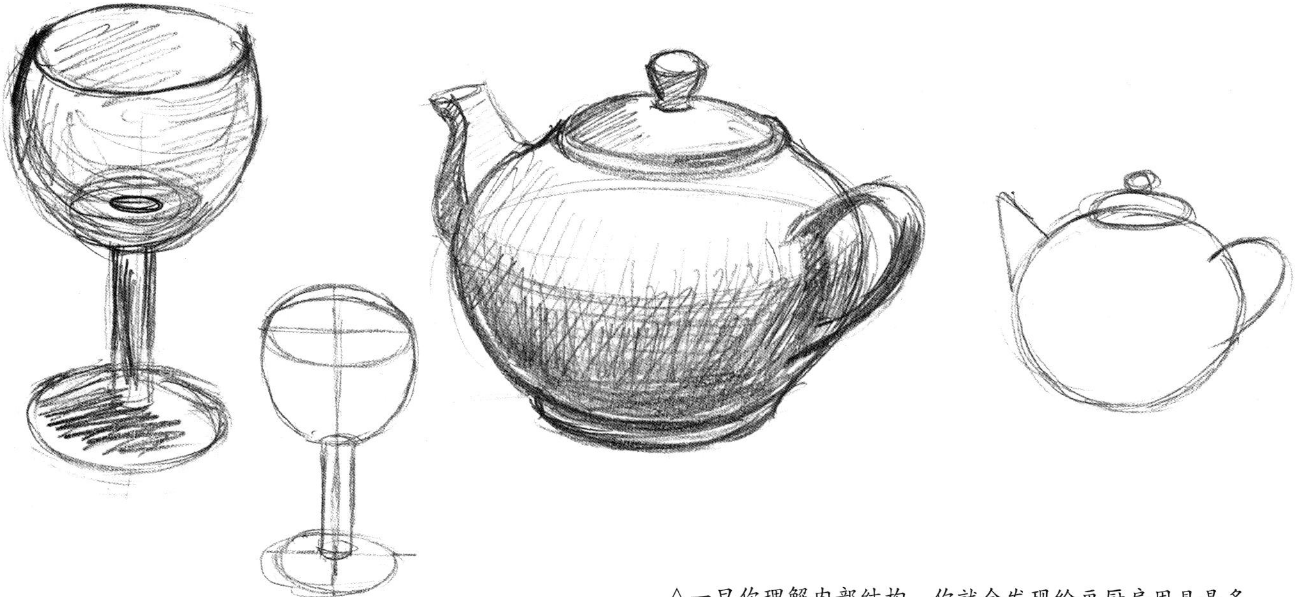

△一旦你理解内部结构，你就会发现绘画厨房用具是多么简单。从小小的草图开始画，参考上图中我画这个酒杯的方法。

把普通的物体变得特别

厨房里许多普通的物体都是很好的绘画对象。它们的形状不仅常见而且有趣。

在第28页和第29页中展示的是悬挂着的厨具，颜色非常鲜艳。对页上画的是个架子，上面摆着一台收音机。这些都是由基本图形构成的。在之后的构图中，我将这些图形摆放在地面上，给它们表面画上了阴影部分，又加了一点点颜色提亮画面。铅笔和颜料结合起来使用的效果很好，干净的白纸和三原色红、黄、蓝形成了对比。这幅画的题材很普通，但通过巧妙地运用绘画材料，描绘每一件物体的画面都能成为真正的画作。

▷画中的架子并没有整理过，我只是把它原原本本地画了下来。那时阳光刚好从百叶窗的下面透过。

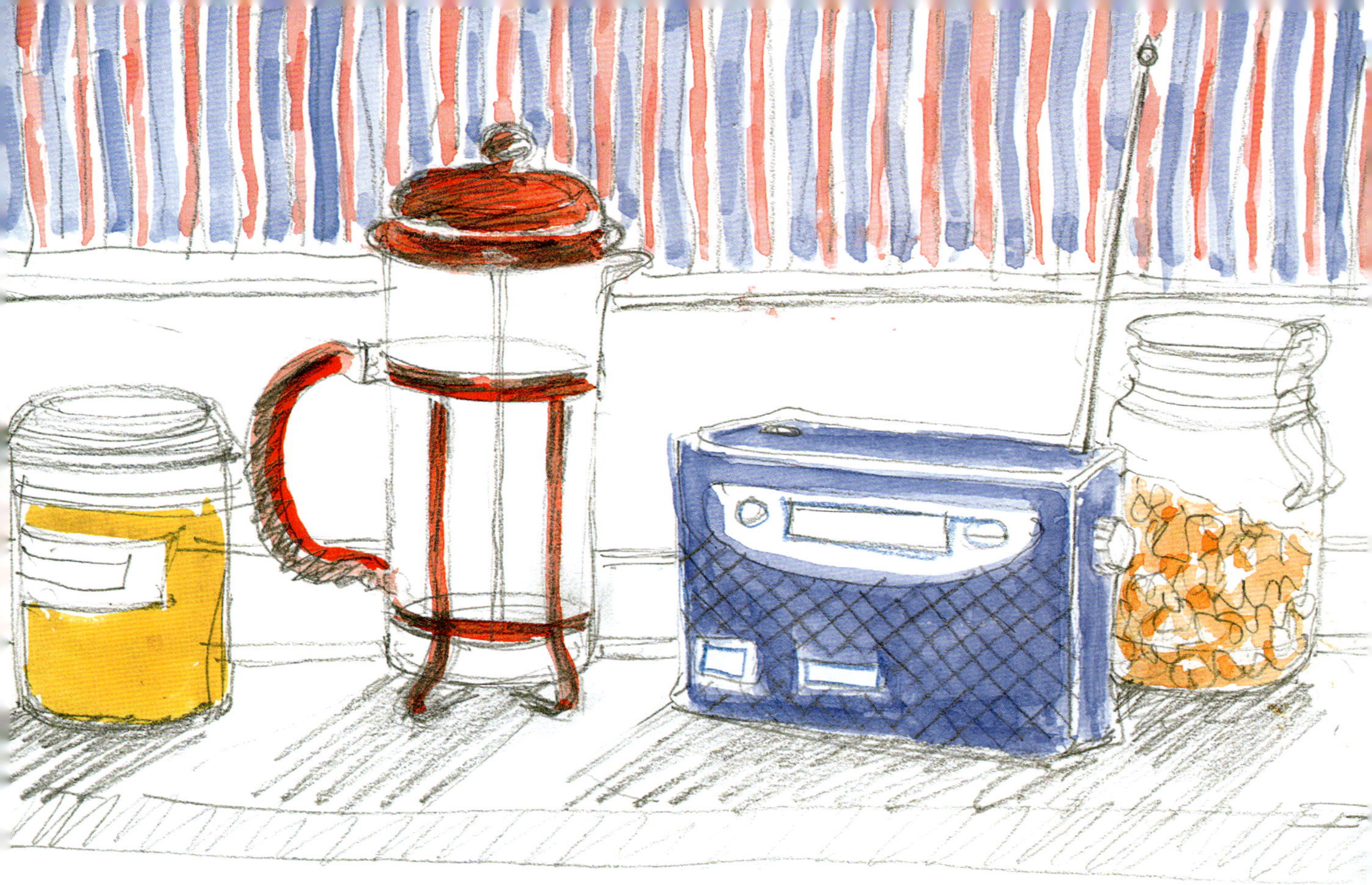

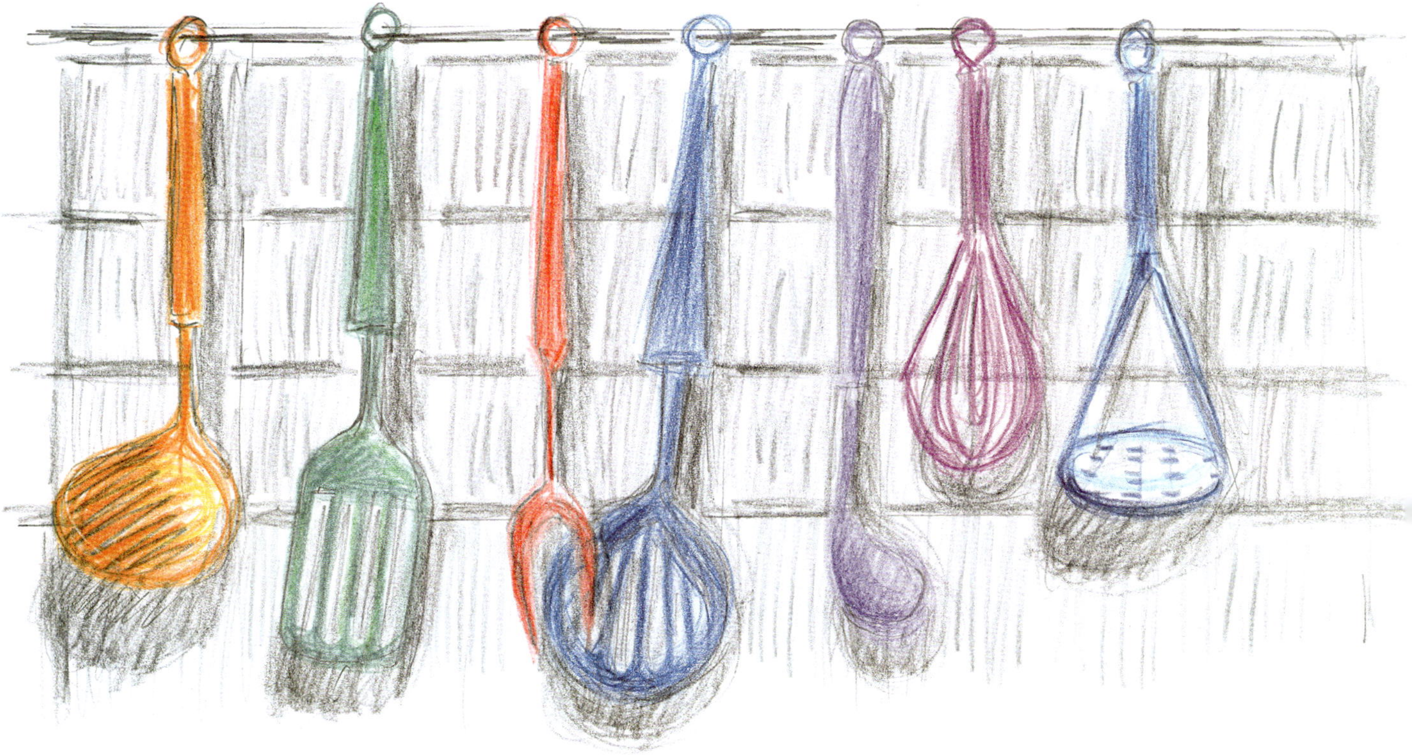

仔细观察这些厨具，着重思考怎么才能把它们简化为简单形状。由于厨具都是悬挂着的，看起来比较扁平，所以在我的画中它们呈椭圆形和圆形。我喜欢用鲜艳的色彩作画，还喜欢用彩色铅笔和水彩画颜料，这使普通的题材更加富有生气。

视　角

当然，我们之前讨论的基本形状可能发生改变，这取决于你看它们的角度——直视、仰视或者俯视。比如，当你向下直接俯视茶杯时，它的轮廓显然是圆的。不过，你从低一点的视平线看去，它的轮廓是椭圆形的。而且随着你视角的降低，茶杯的轮廓逐渐变为扁平，直到成为一条直线。

这个规律适用于所有圆形的物体，比如圆桌、碗、瓶子、酒杯、花盆等等。你看到的所有按透视法缩短形成的圆统称为“椭圆”。

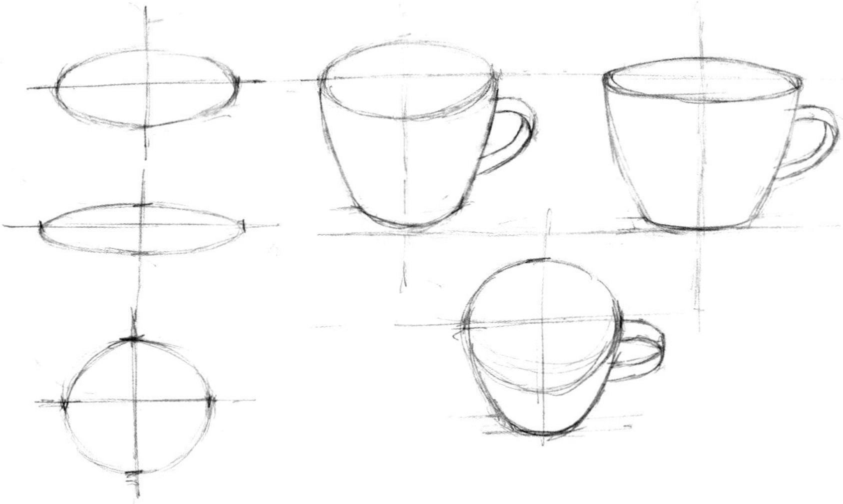

▷先画一条中心水平线，横穿椭圆，再画一条中垂线，平分两边。这能够帮助你完美地画出从你的视角看到的形状。

椭圆形可能会比较难画——常见的错误是把椭圆形两边交叉处画成点或把椭圆形画得高低不平。为了准确再现某个椭圆，先过图形的中心画一条水平线，再过中点画一条垂直线。接着在水平线上方画一条曲线，这条曲线恰好被垂直线等分。最后在水平线下方画出另一条对称曲线。最终，四个部分应该大小相同。这样你就能画出一个完美的椭圆形了。

▽如果你准备画一个圆形的透明物体（如玻璃杯），顶部和底部的两个椭圆应该相似。当你以仰视的角度看圆形物体时，物体的边缘会向上弯曲。

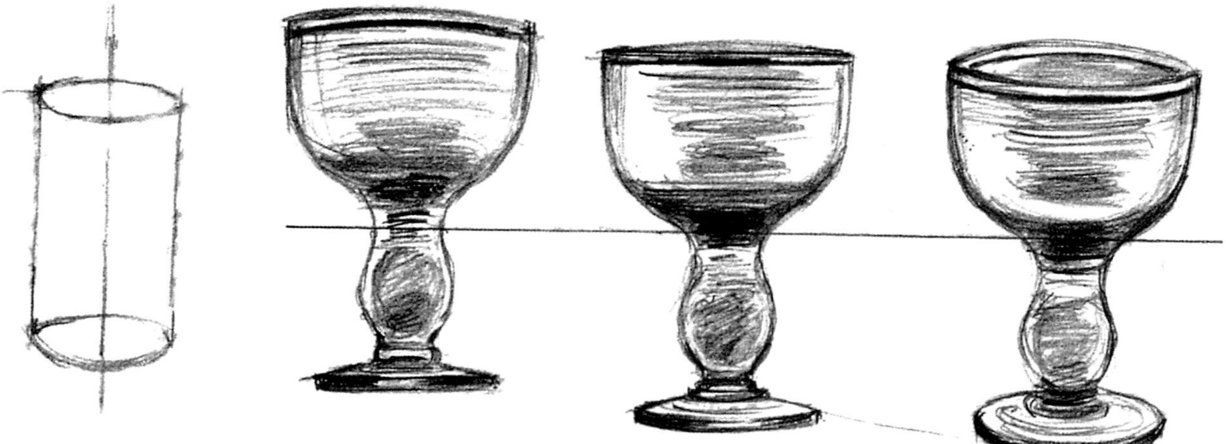

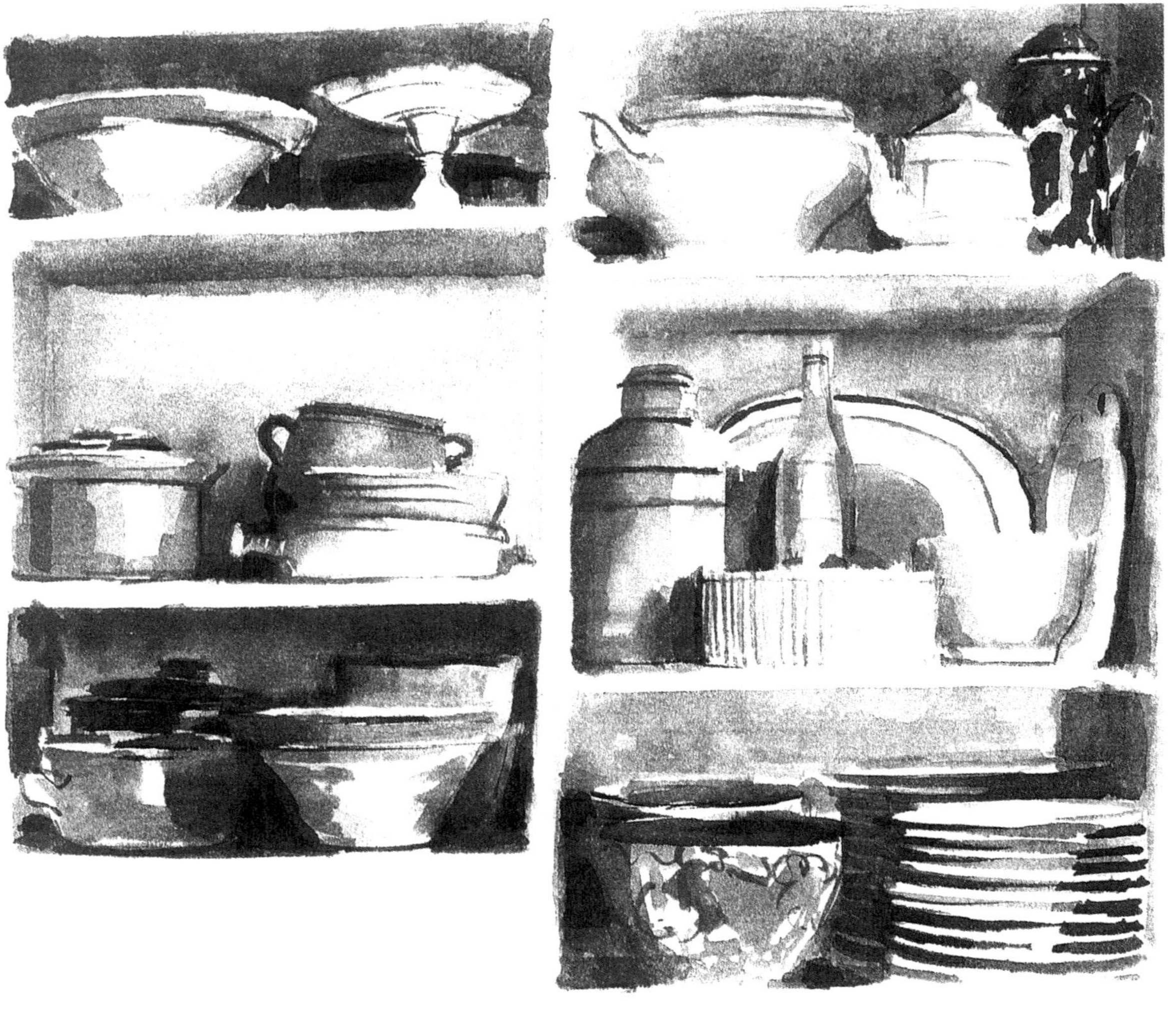

第三章

色调与形式

在这一章中，我们将会探讨如何通过不同的色调塑造立体感。这意味着在某种程度上明暗关系能使你的画面呈现三维的效果，即使它们画在一张二维的纸上。

在第一章中你已经学会用不同的方法绘制笔触，现在你将了解如何把它们应用于实际。首先把注意力集中在分辨出最暗的色调上，然后是最亮的色调，接着分辨出中间色调之间所有细微的变化。通过你使用的绘图工具，能够根据交叉影线的密集程度来改变色调，比如擦掉部分炭画就会呈现亮部和中间色调。

◁左图画的是堆着餐具的架子。它们的形状大部分都是通过明暗色调表现的。

选择形式

在你第一次画色调图时，从简单的开始尝试，让光线直接照射在物体上。最简单的办法是从轮廓清晰的阴影开始画，所以如果自然光过暗，导致色调对比不够强烈的话，可以在物体的一边放一盏灯。

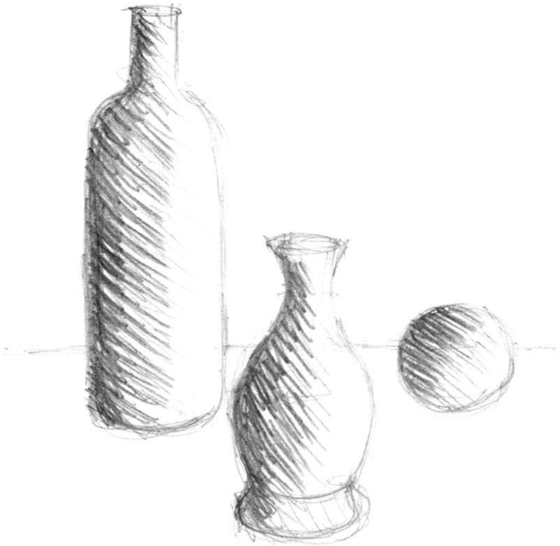

在物体的暗部按一定角度画一组斜线，通过叠加线条画出色调最暗的部分——这种技法称为“线影法”。

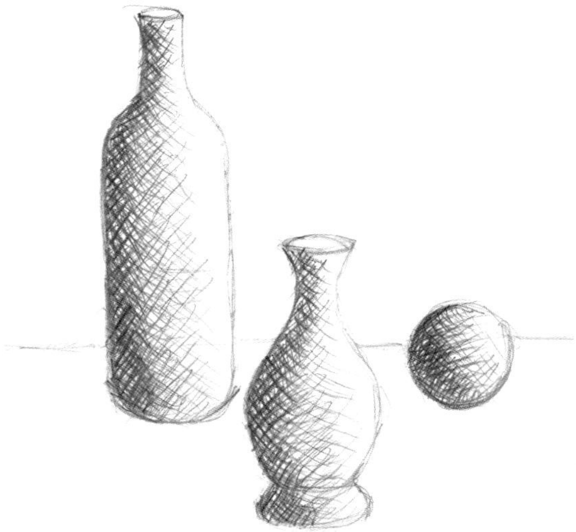

或者，你也可以通过大致一样的办法画调子，按照相反的角度画上第二组线条，形成网点。这就是“交叉影线”。

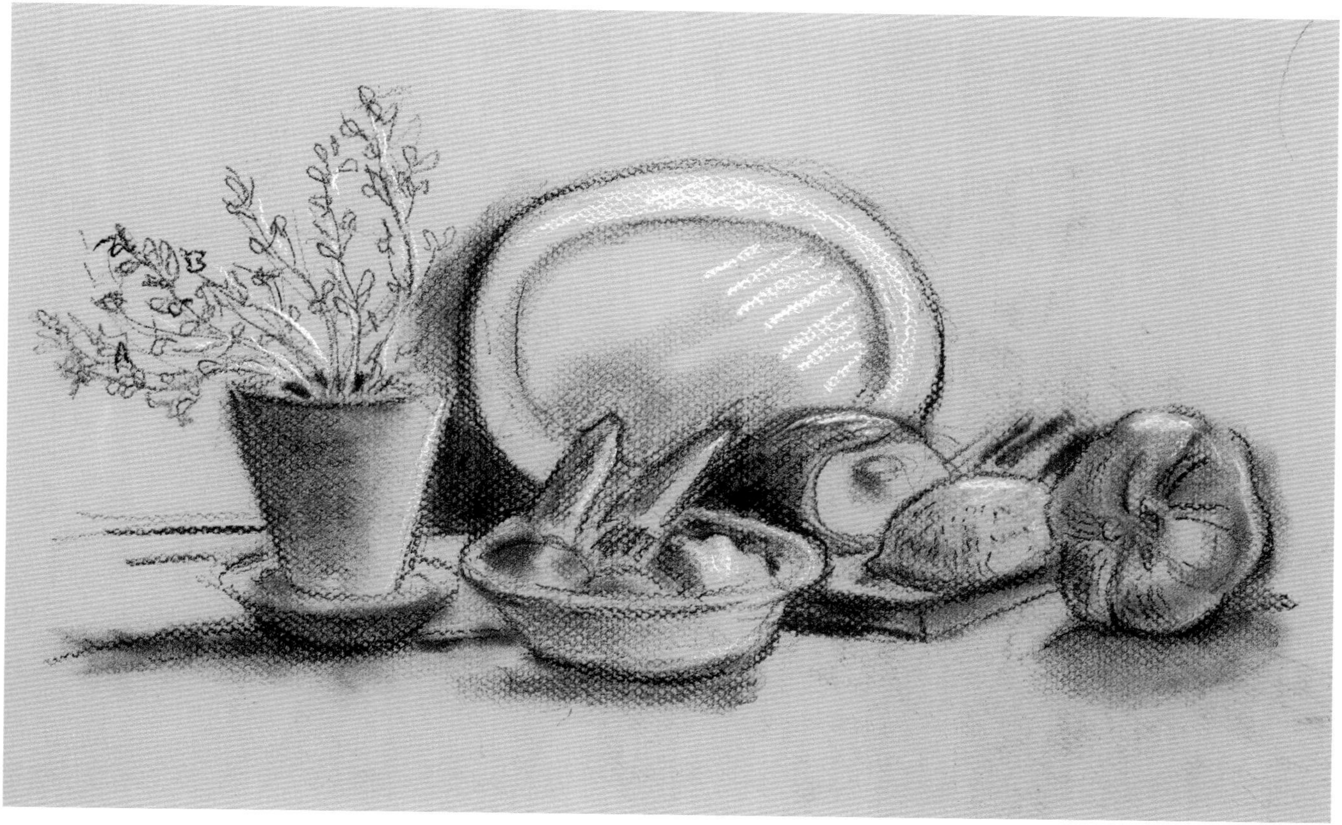

这幅静物画是用炭笔在着色纸上绘制而成。画家用白粉笔画出高光部分，用炭笔的一侧画出明显的阴影部分。

用铅笔画调子素描

一旦你对绘画简单组合感到信心满满，你就会想要去画更难的主题，比如风景和室内景物。

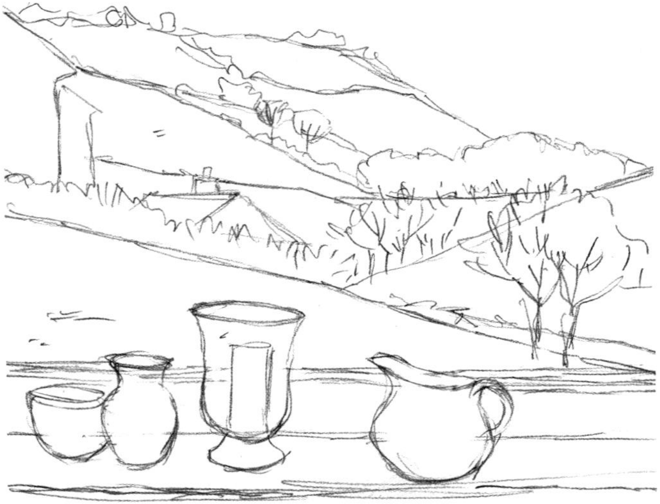

第一步

先用铅笔画一条线，再添上前景物体和远景物体，注意物体之间的重叠以及比例和形状的差别。

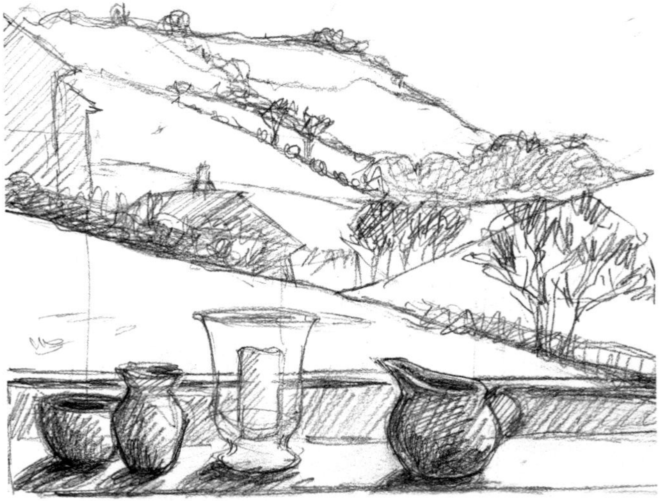

第二步

接着，画上高光，添上色调，通过叠画线条添上暗部。如果你觉得区分各种色调有困难的话，可以眯起眼睛，透过半闭的眼睛看——这样可以忽略细节部分，色调梯度就比较明显了。

从窗户看出去，你会看到一幅由前景和远景构成的自然风景画。如果视野过于复杂，你只需要简化它或换一扇窗户试试。光线的明暗情况会对你绘画的主体外观产生影响，所以当你的作品与自然光线有关，隔天再画时最好选择在同一时间段进行。

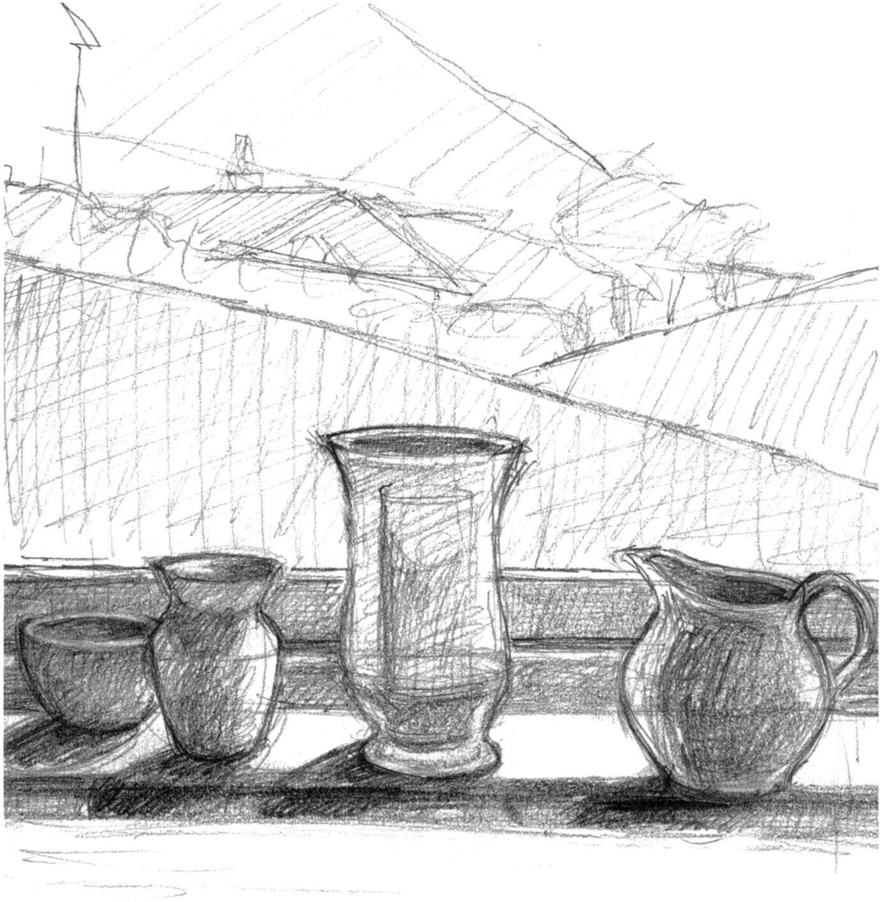

▷右图是物体的一个特写，但是其中景色更为模糊。这种光称为“剪影”，意思是逆光，只有物体的边缘部分才有光。你可以利用人造光或自然光摆放物品，达到有趣甚至夸张的效果。

研究色调

一旦你对处理色调有几分自信后，那就带块画板和画具出门吧，试着去处理更加复杂的主题。这并不一定意味着你会画得更慢——速写也能捕捉到许多事物。

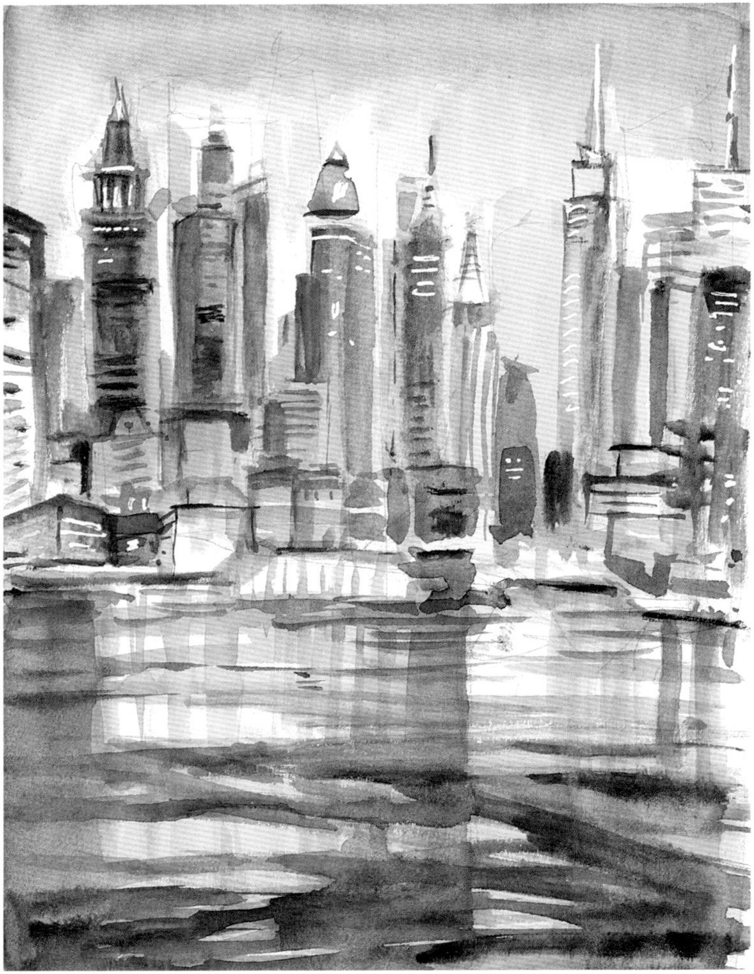

▷因为画中的窗户很小，所以我用一支白色马克笔在暗部画上了窗户，而不是保留白纸的本色。为了营造水景的距离感，近处的波纹比较宽，远处的波纹则较窄。请注意建筑的倒影就在其下方。

选择适合主题的材料，正如我在这幅画中所做的那样。通过水彩画颜料作画，先用非常淡的黑色颜料粗略画出形状，再画出颜色最深的区域，同时保留白纸的底色作为高光部分。

这幅萨克斯管吹奏者画像是用炭笔画的。从画上来看，炭笔不仅非常适合营造阴暗的气氛，而且还赋予画面黑色天鹅绒般美妙的质感。

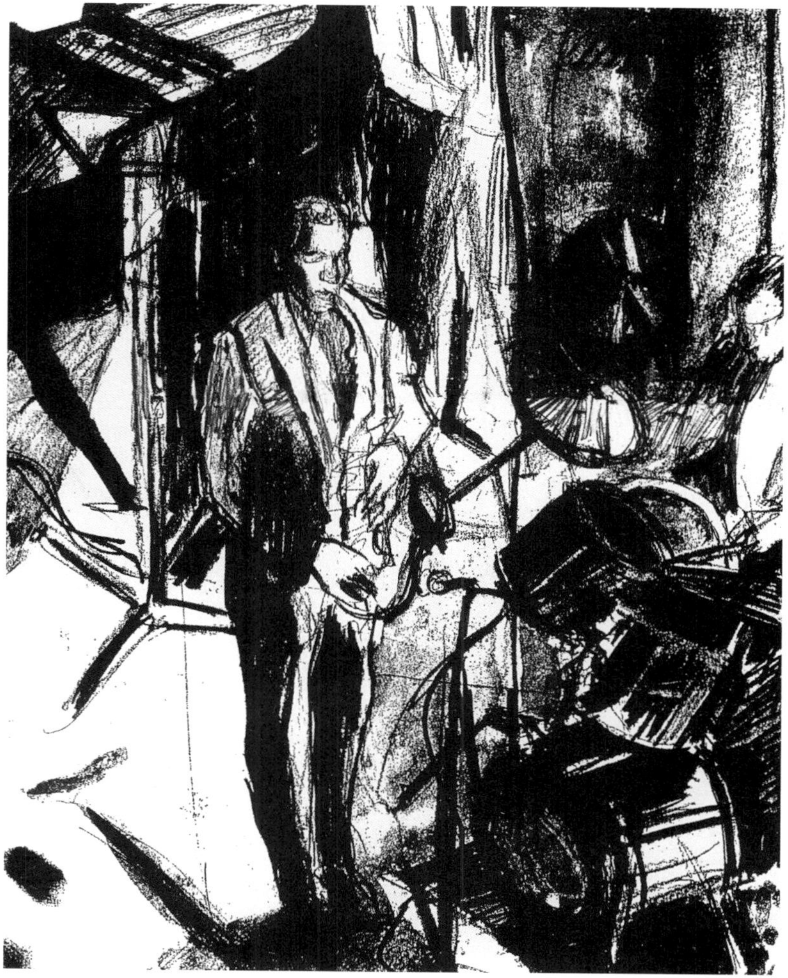

▷那时我坐在楼梯上，所以我的视角比较高，可以俯视下面的事物。除了聚光灯以外，整个房间有点昏暗。所以，画中有很多部分都是浓重的黑暗和锐利的高光之间的对比。

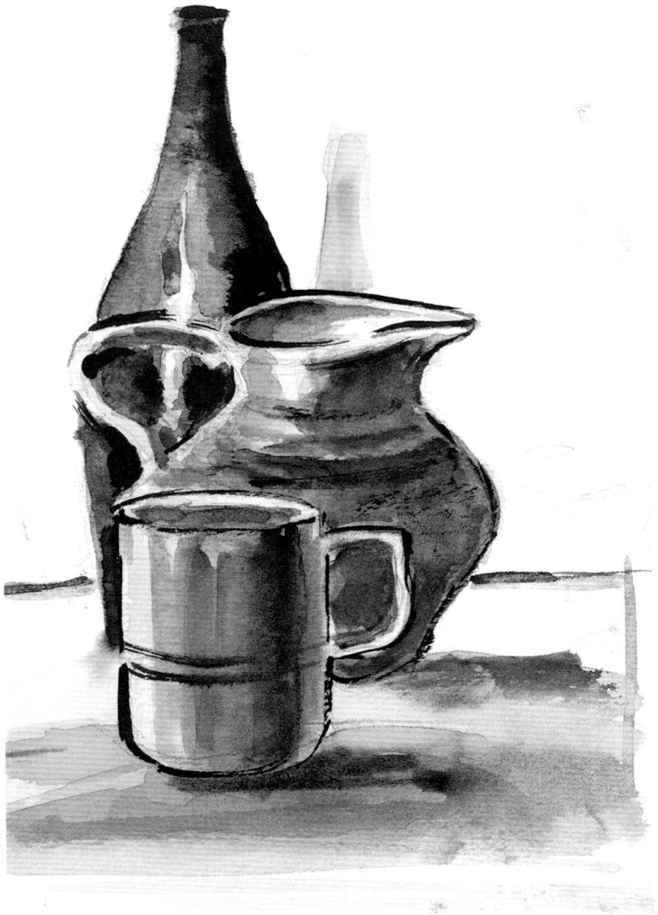

水墨画的色调

墨水画出的深色调十分浓郁，所以要把墨水放在一个茶碟里加水稀释。在画画之前，你还要试用一下稀释后的墨水。

◁这幅画的主体又是基本圆形，只不过大小不同，而且互相重叠。它不仅十分有趣，还能让你仔细观察它们之间的关系。注意观察杯子上的阴影是怎么慢慢重叠的，从而使渐变的阴影部分体现了杯子的曲线。

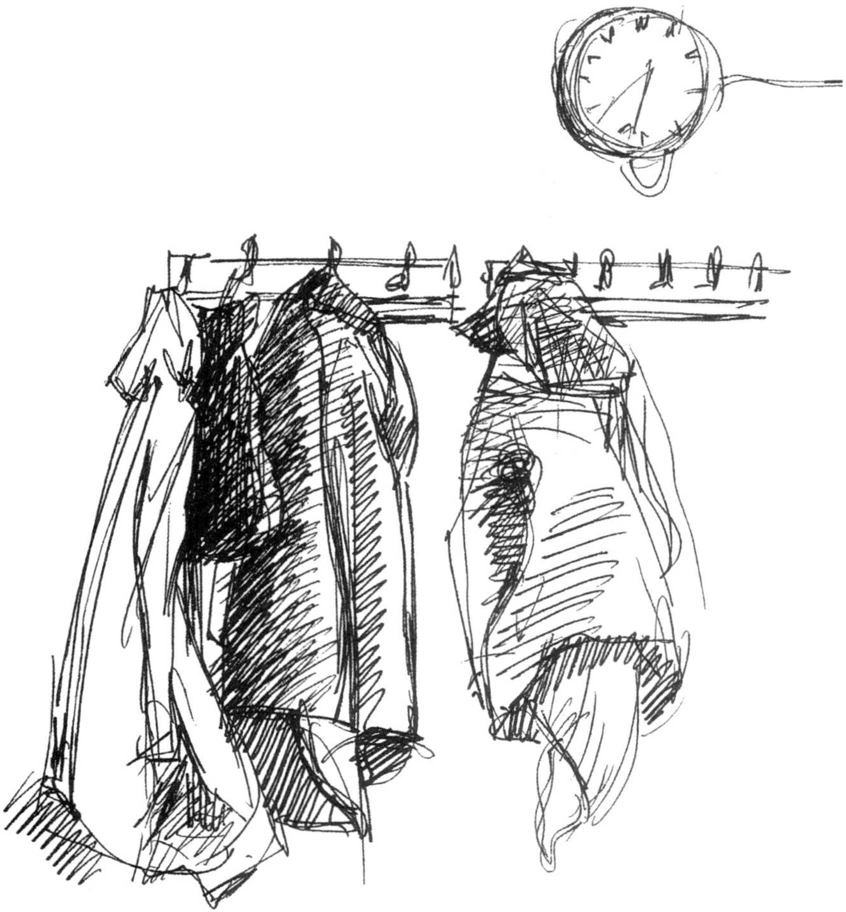

◁这幅速写用墨水潦草地描绘了挂钩上的外套。这种具有活力的绘画手法很大程度上描绘了外套快速随意挂上的动作。

炭笔的色调

这个房间朝向窗户，阳光透过窗户照亮了桌子，而窗格条和房间里大部分物体一样都是暗色的。与用线条勾画草图不同，画家先在着色纸或白纸上涂了一层木炭，打上中间色调的底色，然后用橡皮擦出亮色调，着重画了暗色调。这是观察、创作作品的另一种方法。这种技法不仅有趣，还能用于营造氛围。作为一种自由的创作方式，它十分适合于创作比较模糊的作品。

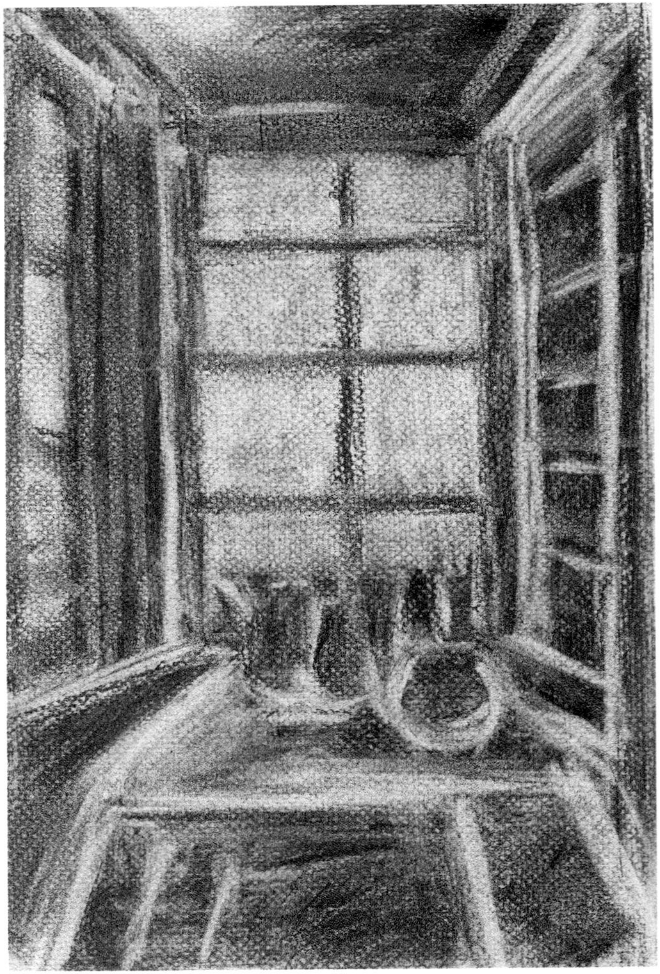

第一步

用手或布拿炭笔擦画纸——不要太用力，不然很难擦掉。然后用橡皮擦出亮部：轻轻地擦出稍浅的色调，想要更亮的色调则用力擦。

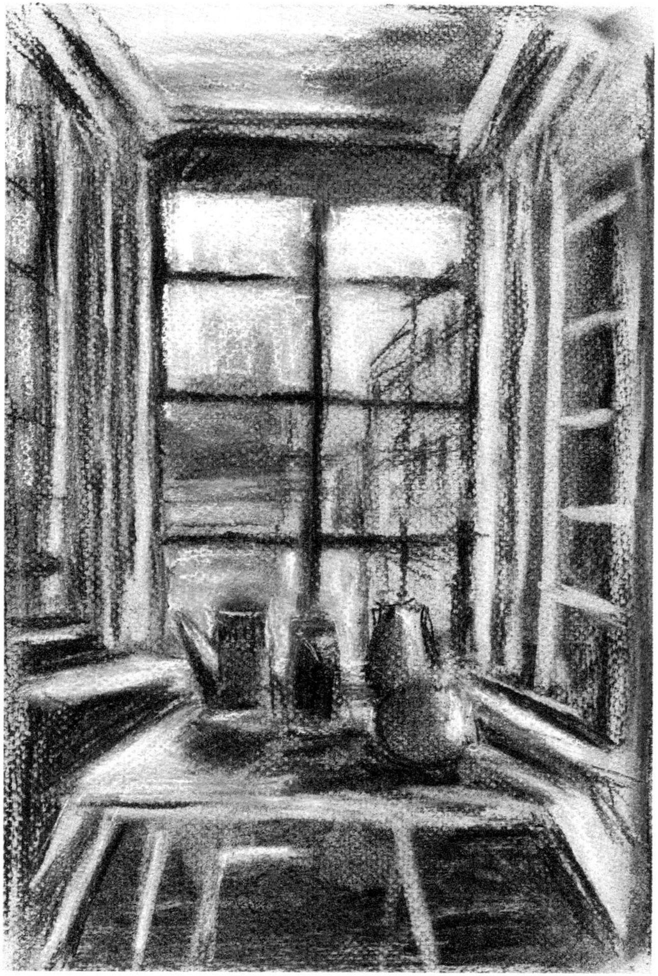

第二步

用炭笔逐渐添上暗部。用粉笔在着色纸上画出颜色最亮的区域，但是如果你用的是白纸的话，纸的原色就可以充当高光。通过这种方法，就能用擦出的线条完成作品了。

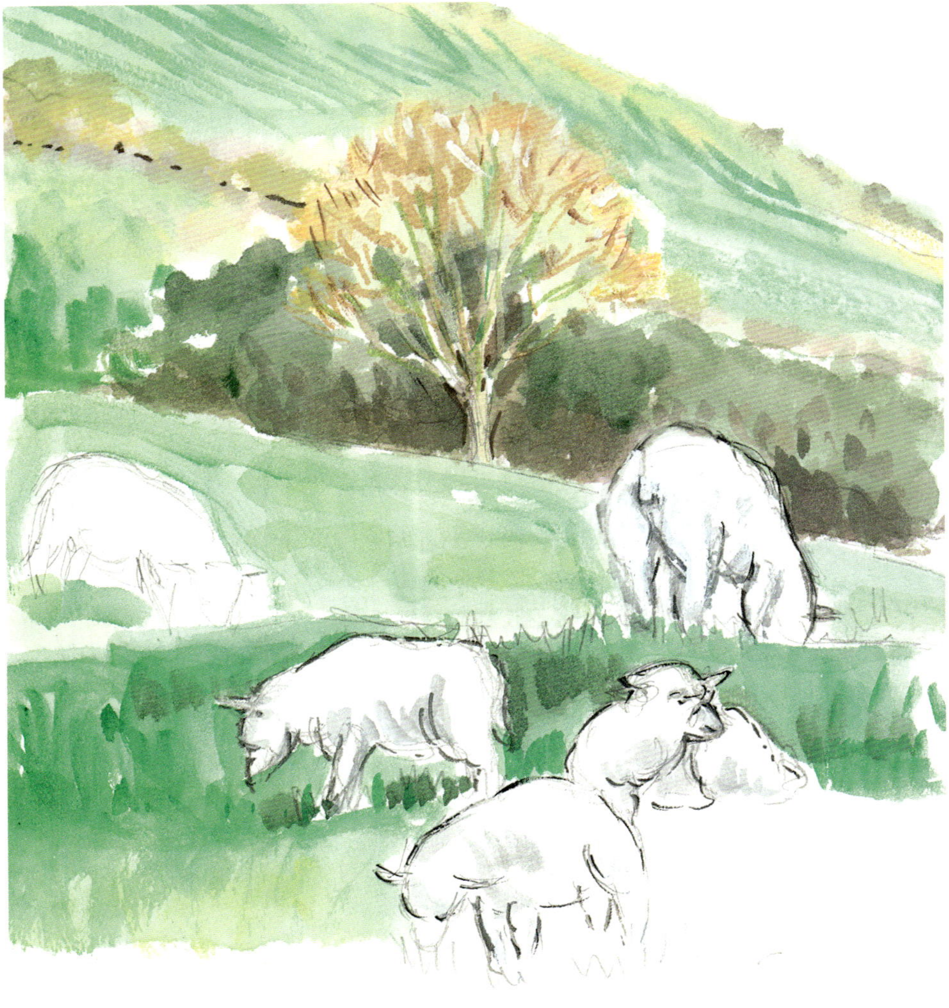

第四章

构　图

创作作品的关键是选材：决定画面包含什么内容，不同的元素又如何互相联系。通过一番构思，而不是单纯地记录下来，你会画出更好的画。不管你画的是静物、风景还是室内的一部分，核实物体的大小比例以及物体之间的形状是绘画过程的一部分。

首先要决定的是在画纸上选择风景（横向）还是肖像（纵向）版式。取景器会帮助你更有效地找到特定场景需用的版式，确定你想要展示的场景大小。选择画整个房间或者是某个隐秘的小角落，会创造出完全不同氛围的画面。这和你选择的视角不同，所形成的效果不同是一样的道理。

◁这幅画采取对角线构图。地面向一侧倾斜，前景中的绵羊位于对角线的另一端。

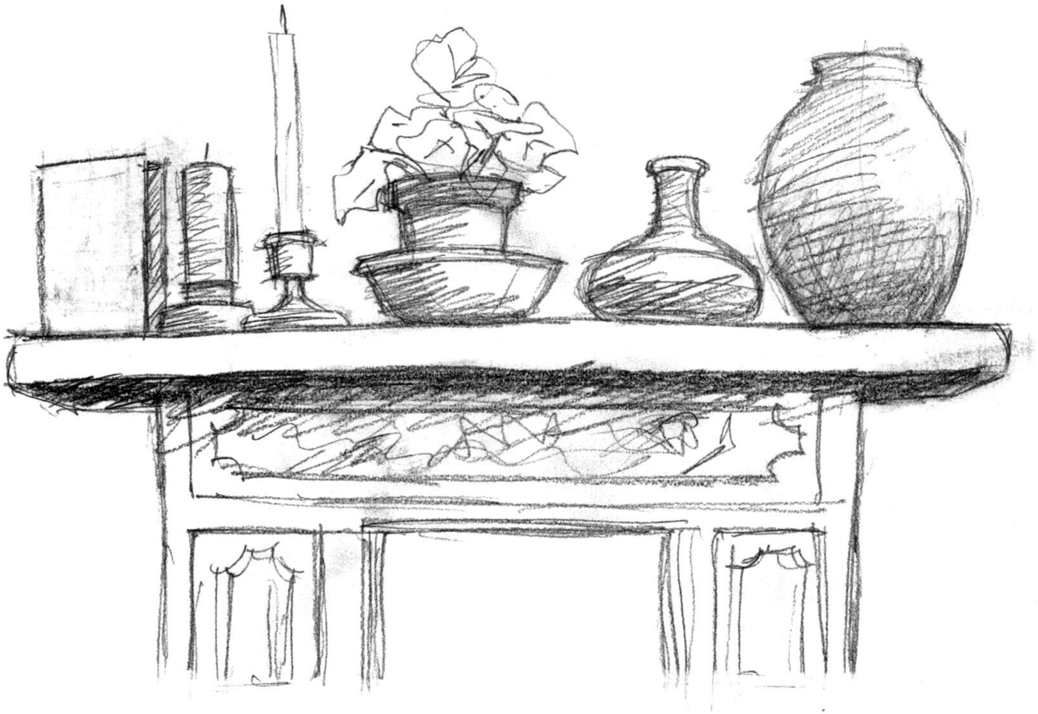

△这幅画的视角较低，所以你可以看到所有的水平线都向上弯曲，包括架子角。

确定你的视角

为了帮你选择绘画内容，你可以准备一个简易的取景器。取景器的制作很简单，就是取一块矩形的硬纸板，在纸板中间裁去一个小一点的矩形——你可以自己制作，也可以购买一个用来放小图片的便宜画框。为了测试视野，你可以手持框架，保持一臂远的距离，闭上一只眼睛，用另一只眼睛看画框内的景色，同时上下左右远近移动框架。如果你有一部手机或者带相机功能的平板电脑，也可以通过相同方法使用。

因为物体的形状会随着你采取仰视或俯视的角度而发生变化，所以你选择的视角在绘画中是一个很重要的因素。

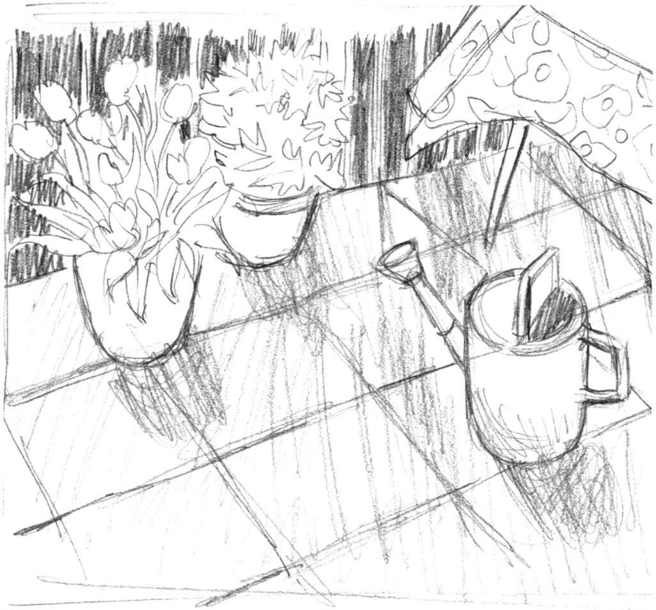

△在画这幅铅笔画时，我从上面俯瞰露台上的植物和洒水壶。几乎为正方形的铺路石清楚地体现了这一点。

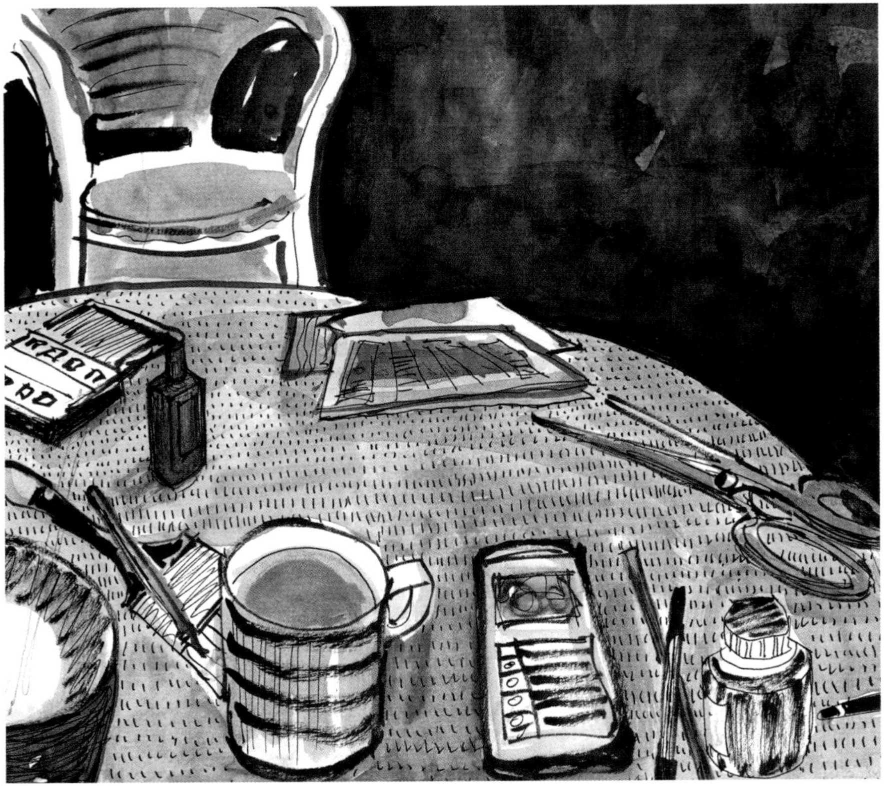

△第46页壁炉上的架子是仰视的视角，所以看不到物体的内部。但在上图中，以高视角俯视这张咖啡桌，你就能看到它们的内部了。画上的笔迹由水墨画和干墨迹构成。所有东西都随意散乱地放着，就像你可能从桌子旁边走开了一样。但这种随意的风格并不属于真正的具象派——比例和角度不一定准确。

在这两幅画的构图中，一些物体画上了结构边缘线。这使画作更具有动态感，也避免了紧凑的构图，即所有的元素挤在画纸的中央。从中还延伸出某种试验性的方法。抽象形状能够通过这种方法处理，而不是通过可视化表示。画画时，我们都有点害怕忽略我们眼前确实看到的东西。

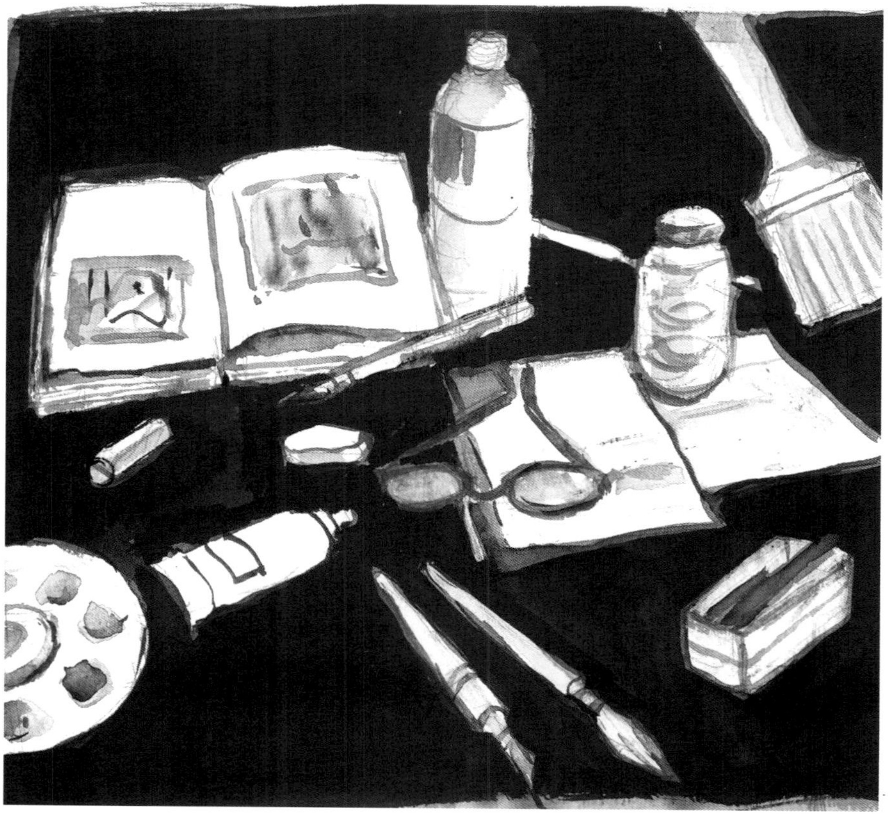

△物体之间的形状在构图中和物体本身一样重要。这里我再次运用水墨画，通过涂黑物体之间的空隙来强调物体之间的形状。

选择视图

选择什么样的主题，并没有“正确”可言。但是你对取景和角度考虑得越多，就越有可能创作出富有生气与内涵的作品。

这幅画就是描绘开阔景色的一个例子。为了创作一幅成功的作品，我需要选定元素。不同的选择，视野就有许多种可能。你不会一直有个窗户来扮演框架的角色，但是你的取景器能做相同的工作。

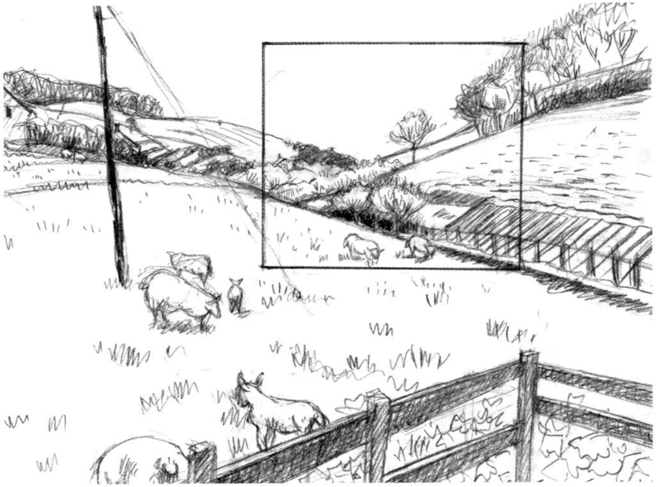

首先，我画出在框定范围内所有的景物。的确风景优美，景色宜人，但我想画的只是其中的一部分，所以我试着从其中框选出更小的部分。

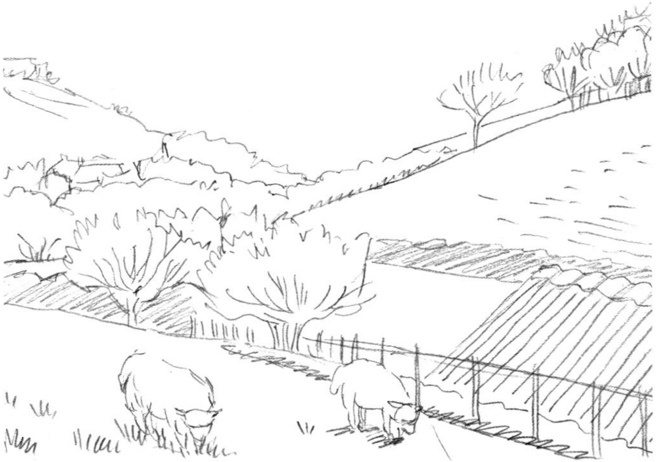

我选择布局更为紧凑的景色，接着开始用线条勾勒轮廓。

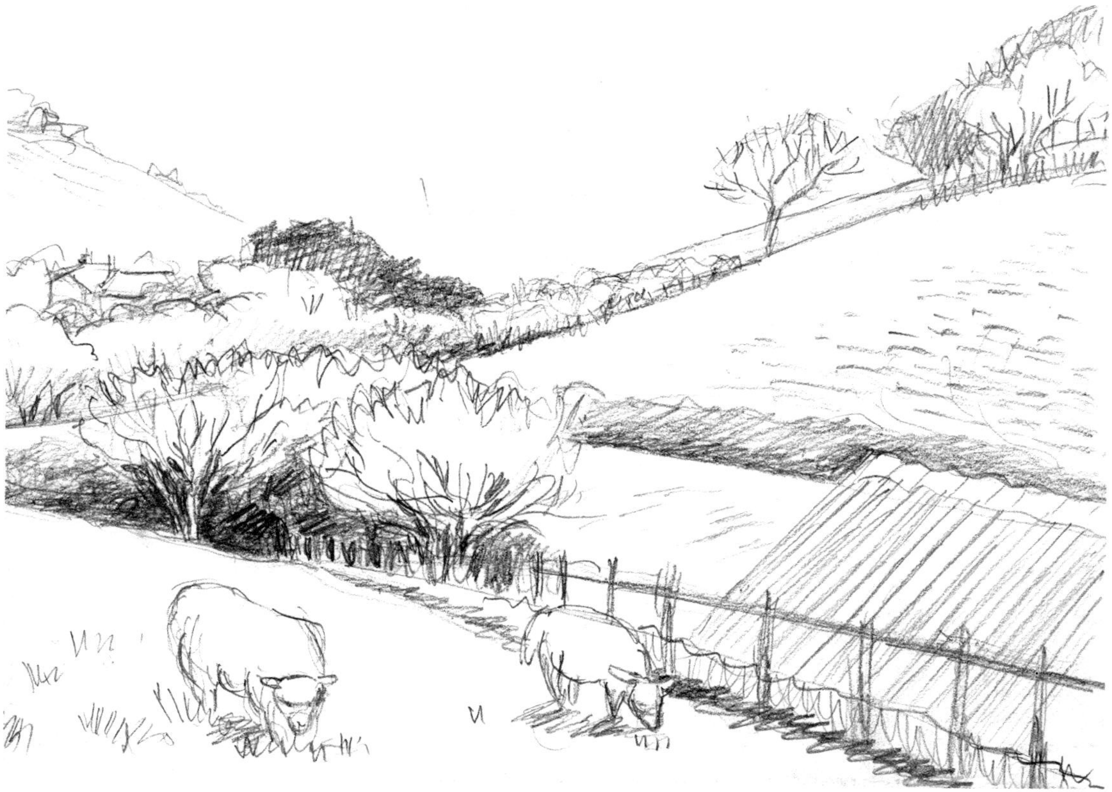

然后，我逐步完成这幅调子素描。我在树下画上了阴影部分，着重描绘了绵羊的形状、草地的纹理以及表现山坡的虚线。

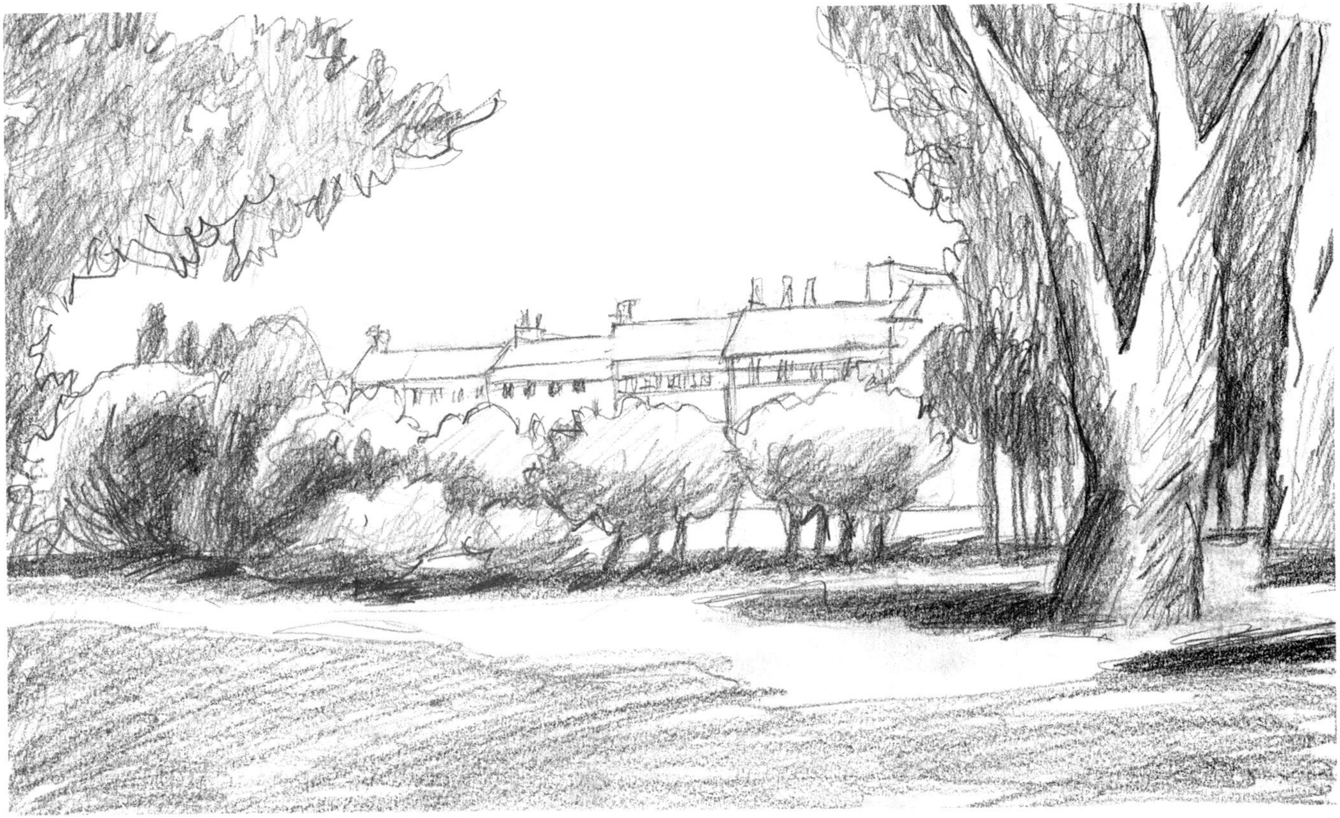

当你发现一个特别喜欢的位置时，你可以画两幅作品，充分利用这个位置。不过其中一幅画应该拉近与景物的距离，从而达到不同的效果。

树占据了视图的前景部分，特写镜头则放大观察房子和某棵树。很明显，这是从矩形视图中节选的一部分。浓重的阴影让简单的视野富于动态美却令人信服。

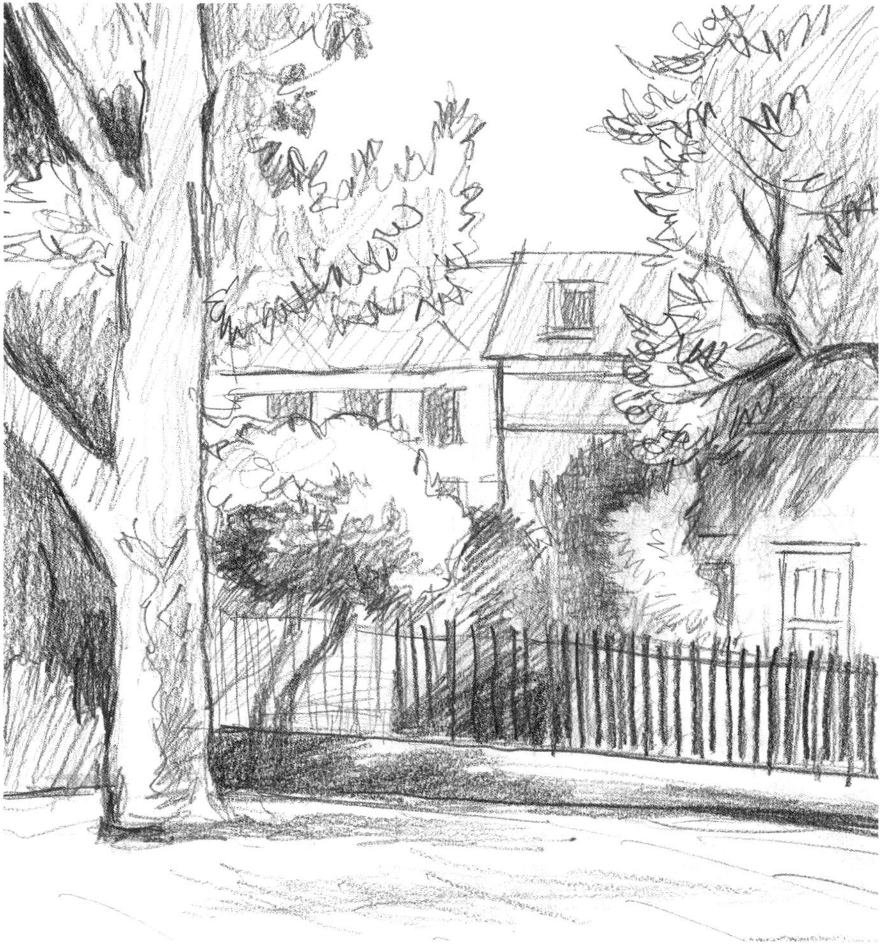

这些彩绘作品画的都是某个隐秘的角落。从高处俯看这些选中的物体，一下子抓住了我的视线。鲜花很好地衬托了水桶、花盆、扫帚的立体感。

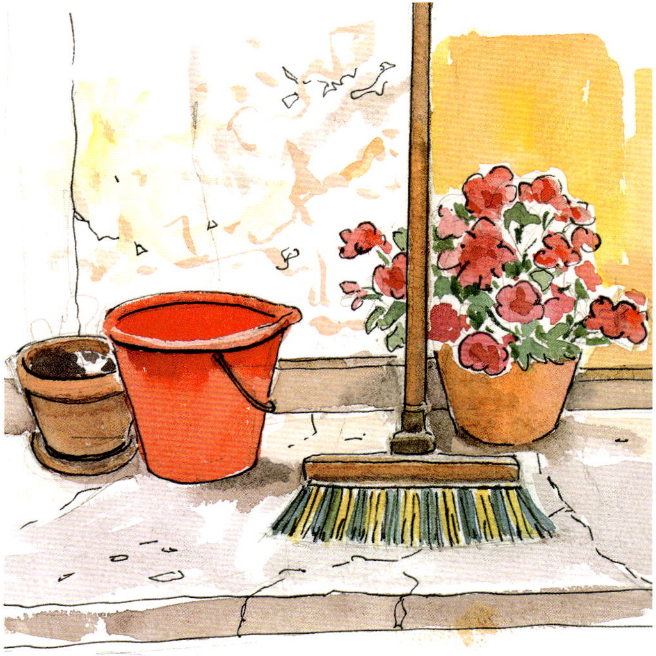

△这里，我以高视角近距离观察这些物体，结合使用水粉颜料和钢笔进行绘制。所选择的绘画对象位于最显著的位置。

▷这幅水彩画描绘了露台上的洒水壶。作者的视角在它上方，铺路板的线条就体现了这一点。在这两幅画中，视角不同，画出的画也完全不同。

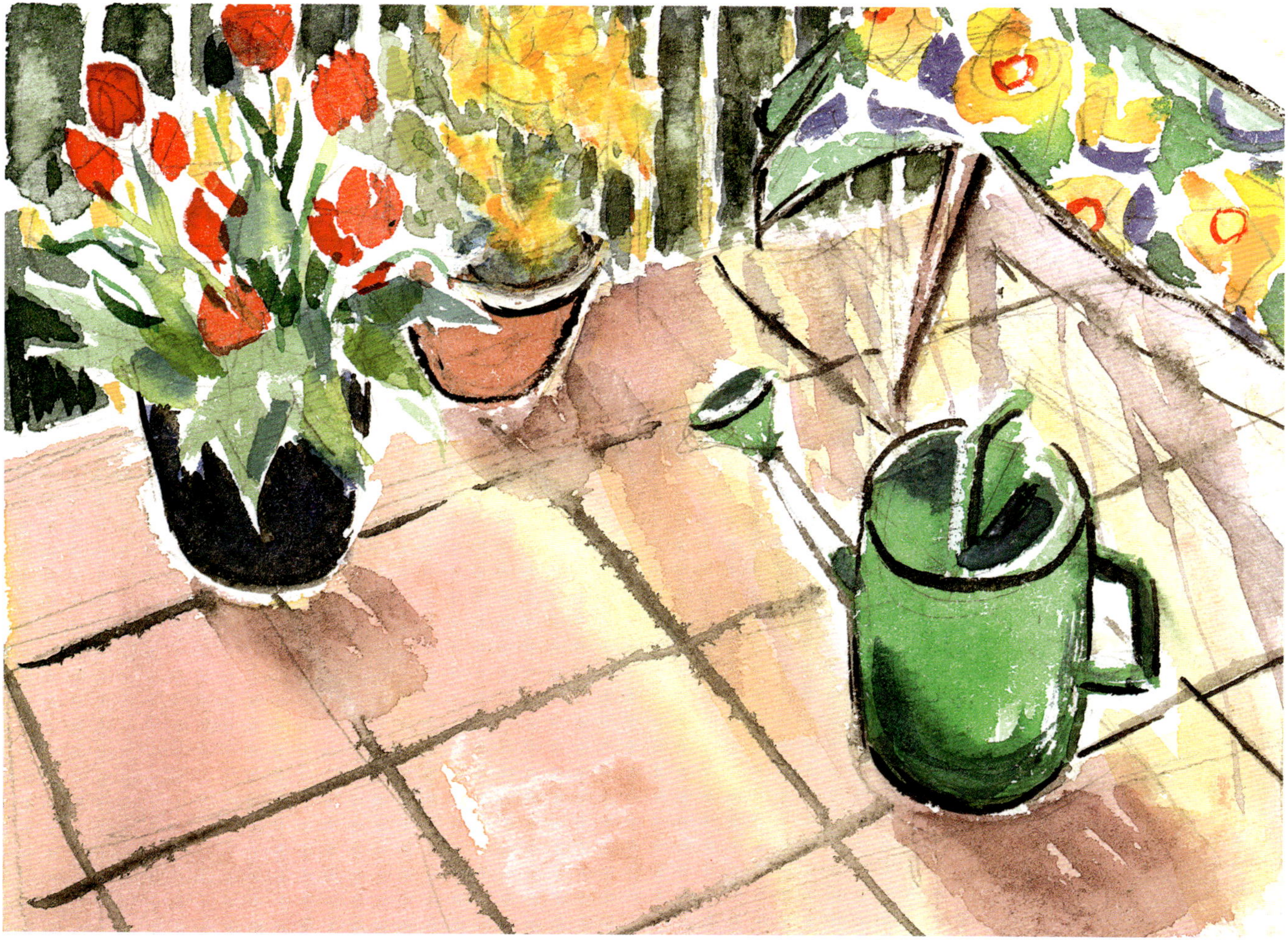

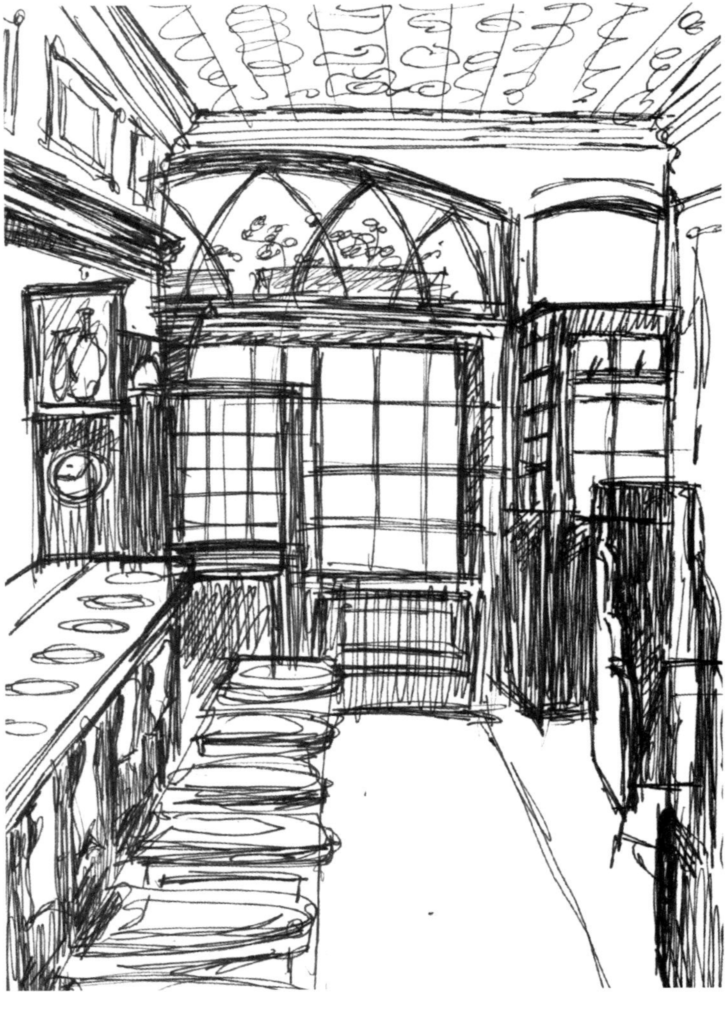

第五章

基本透视画法

透视画法是一种将距离以及三维空间描绘到纸的二维平面上的方法。透视画法的规则晦涩难懂，令人望而生畏。但是如果你坚持简洁的方法，回顾学过的基本形状，那就容易多了。况且你想要画出逼真的建筑、街道或内景，理解透视是必不可少的。

◁此画中，透视画法的运用不仅体现了房间的深度，还引导观者的视线沿着吧台落在最远的窗户上。

透视画法的种类

在一点透视法中，物体最近的平面与地平线平行。如果你透过物体目视前方的地平线，地平线上的那个位于你正前方的点就是消失点。

透视画法往往通过线条表示。线条从物体正面（如建筑正面）的上下部分出发，朝向消失点方向延伸，最终相交于消失点。受到这两条直线的限制，离地平线越近，建筑和窗户也就越小。

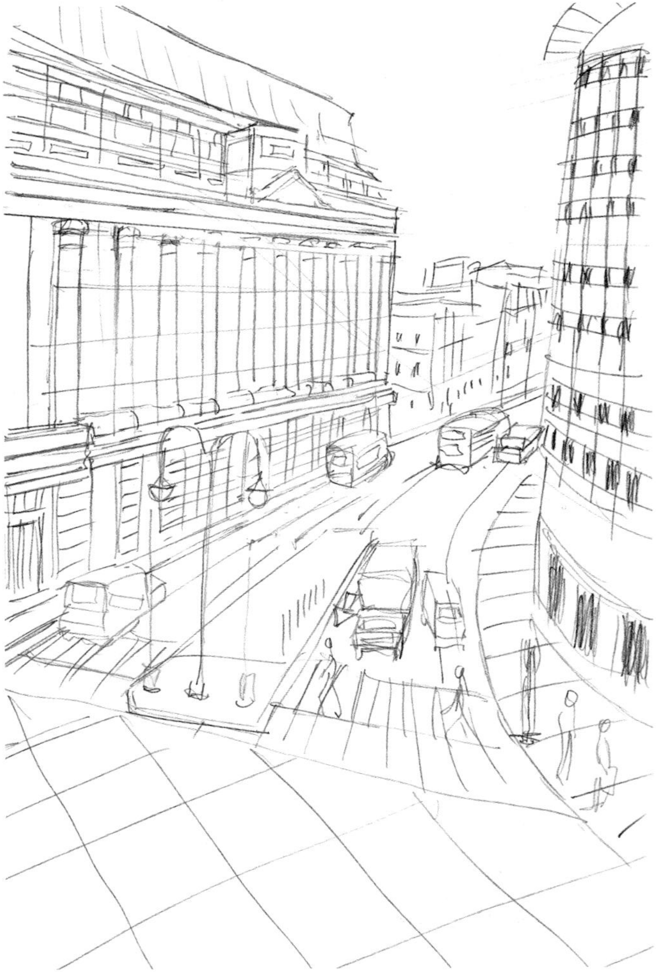

如果某个建筑或其他物体的水平线都不与地平线平行，那你就进入两点透视法的领域了。这幅作品就需要两个消失点，虽然其中一个落在纸外。画面中，建筑的垂直边缘依然保持垂直，只有水平线才受到影响。

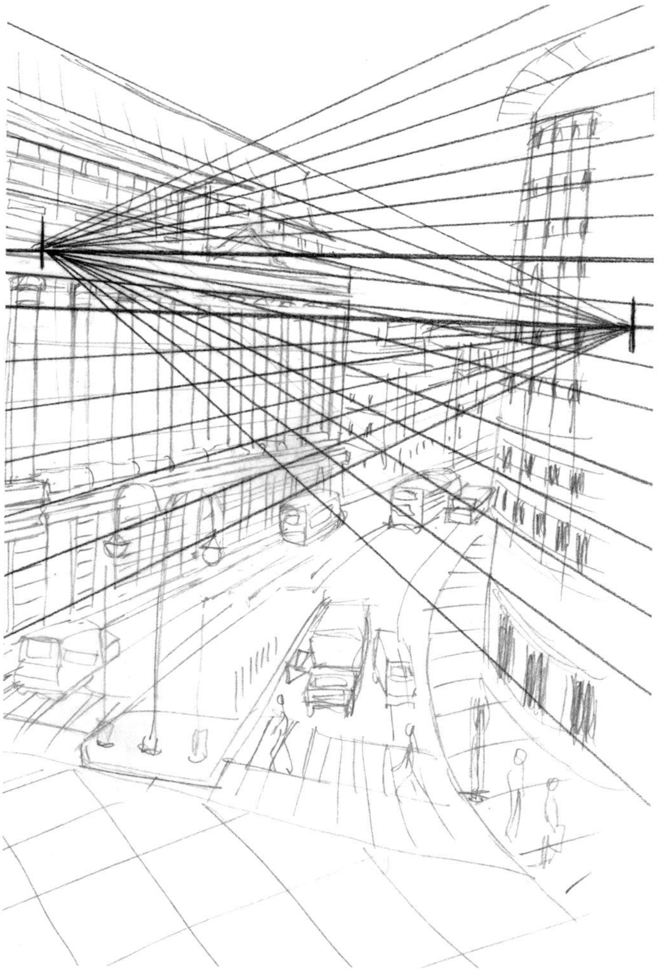

这里所展示的是一幅用铅笔绘制的城市街道画（上页）以及两点透视法的示意图（右边）。线条集中于两点，视平线较高。

在一块玻璃上画些平行的水平线能够帮助你判断视平线的位置与你面前物体的关系。手持玻璃，保持一臂远的距离，把中心线对准眼睛。其他平行线有助于你看清正在观察的物体所形成的角度：有一些向下倾斜，而有一些向上倾斜。

大部分画作中不止一个消失点，尤其是在室内，家具通常以不同的角度摆放，因此每一件家具都有它自己的消失点。

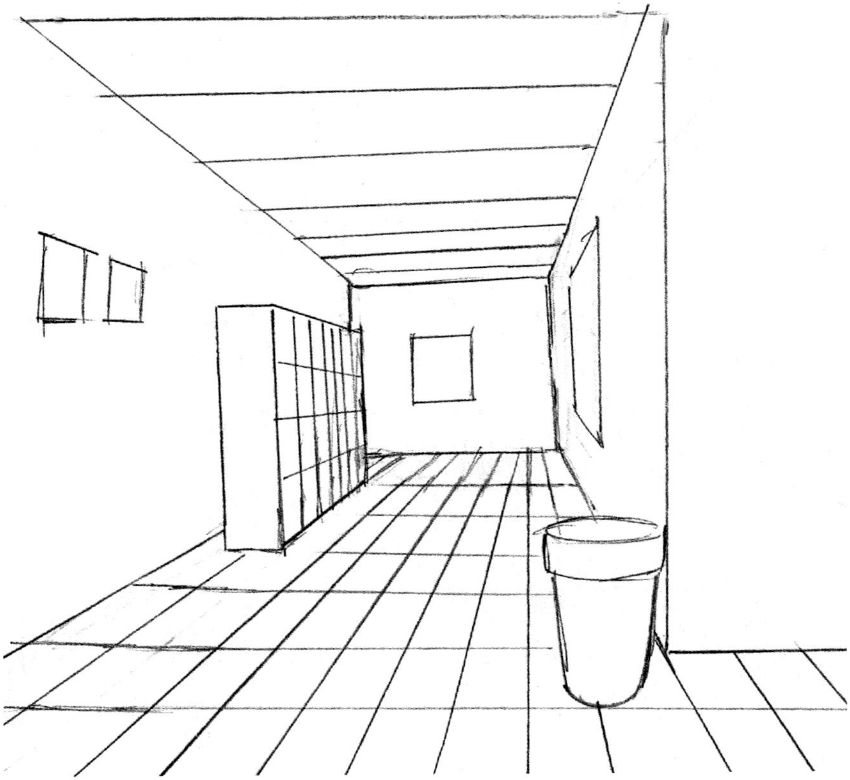

△这幅走廊简图运用一点透视法，所有线条从观看者这边向远处延伸集中于一点。注意观察贮藏柜看起来的大小，这容易让人产生错觉。

▽因为沙发椅背与墙壁平行，而咖啡桌又与沙发平行，所以这幅画的消失点有两个。它们分别落在纸外的左边和右边。

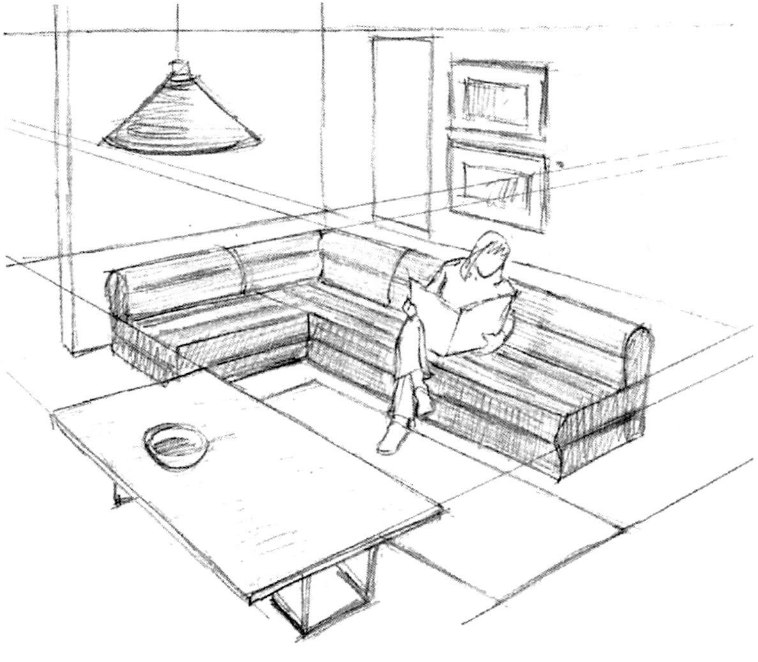

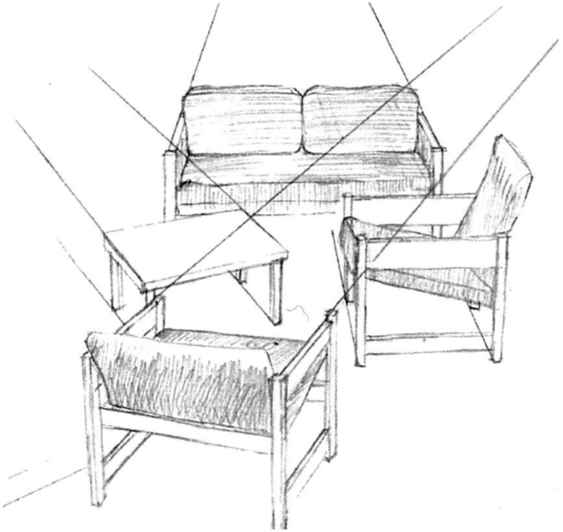

△这幅画看起来就复杂多了，但是更为常见。从桌子和椅子边缘延伸出的线条构成了各自的消失点。但是别太担心这一点——从根本上说，画好透视图关键在于仔细观察，然后画出你看到的东西。

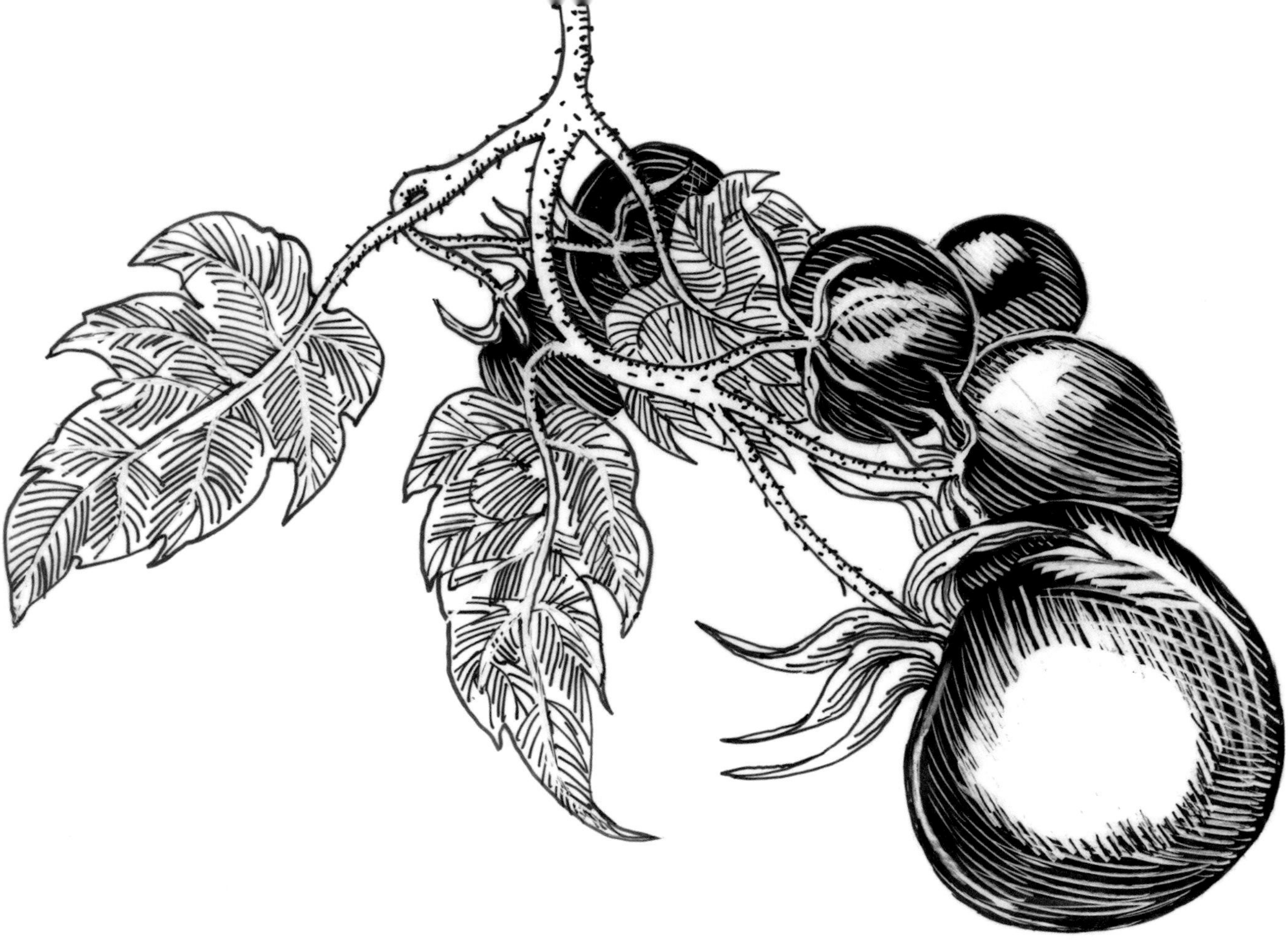

第六章
绘画风格

你选择的绘画材料与处理材料的方式都会影响到你作品的外观。在绘画方面积累了一些经验后，每个人常常会发现一种不仅擅长而且乐在其中的风格。但在那之前，你需要花一些时间研究不同的绘画方法和不同的绘画材料，甚至把两者结合起来。这并没有什么规则可言，在后文中介绍的绘画风格只是为了详述其中的可能性。

◁这幅西红柿钢笔画采取刻画浓重的轮廓线来摹拟木板的纹路。

轮廓素描法

轮廓素描的练习清晰明了，是一种线性方法。你的关注点在于物体的轮廓或是边缘上。选择运笔起点，在那里放上你的铅笔尖，想象它确实触摸到物体，直到你胸有成竹之前，不要把你的视线从物体上挪开。然后随着眼睛沿着外部轮廓缓慢移动，手持的铅笔以同样的速度在纸上作画。主导作画的正是触觉而非视觉——你会发现眼睛的移动速度不自觉地会比铅笔的移动速度快。

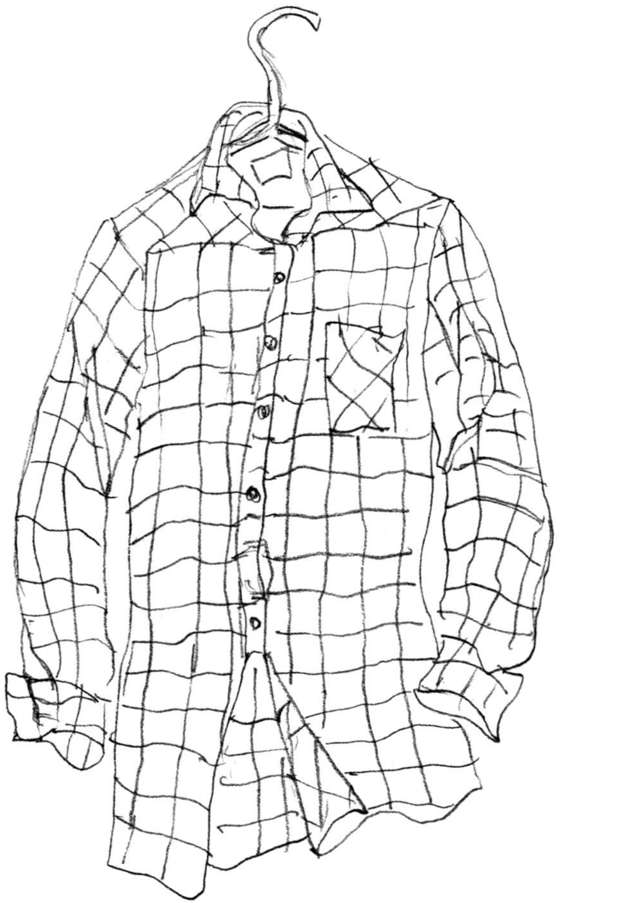

▷作画时当然考虑了这件方格衬衫的边缘。但衣服的格子也很重要，它展示了布料的折痕和悬挂方式，所以画家同样添上了衬衫内部的轮廓线。

▷这两幅作品都是第一幅基本轮廓素描的有趣衍生品。它们用彩色铅笔和水彩画颜料示范了如何把色彩和阴影结合起来。

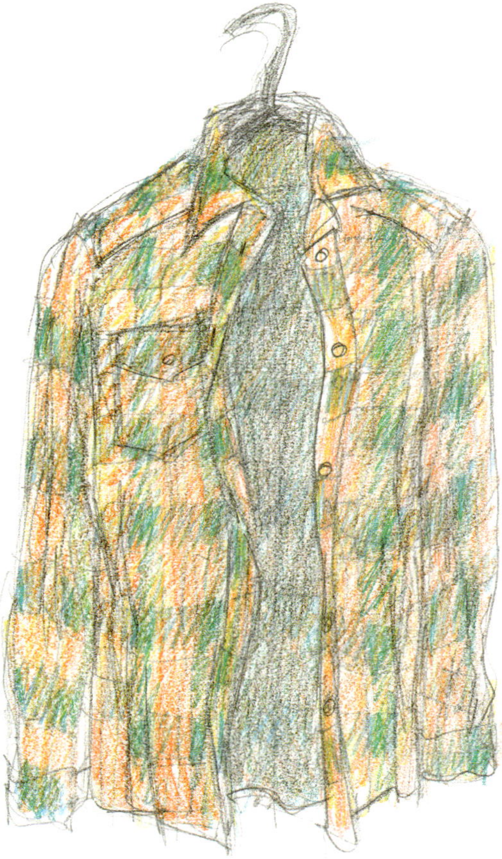

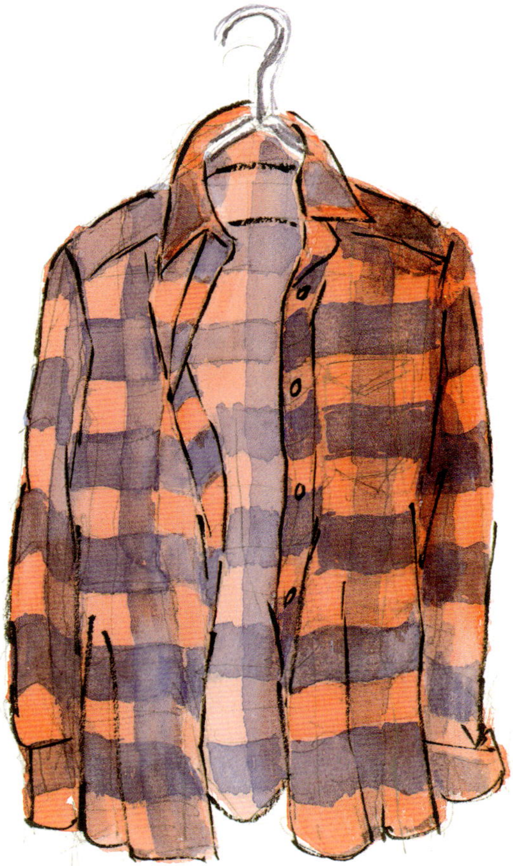

连续线条法

这种技法就像它听起来的那样：运用连续不断的线条匀速绘制作品，期间不能将手抬离画纸。作画的进度缓慢却富有节奏。当你想从某个点挪到另一个点，又不能把铅笔抬离画纸时，线条不可避免地互相重叠，形成网状，大致勾勒出了物体的轮廓。这种效果看起来会很凌乱，但它又十分生动，形成了随意的写意风格。

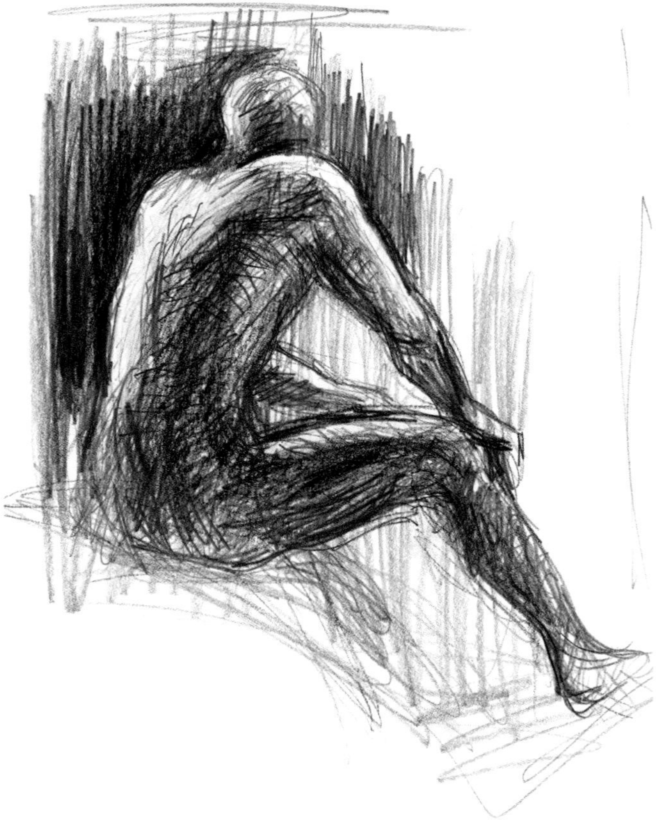

▷在这幅运用连续线条绘制的色调图画中，色调的部分以相同的速度完成。在铅笔的移动过程中，我的手尽可能不离开画纸，观察着身体的形态。

▽这些都是通过连续线条完成的快速素描，期间铅笔不能离开画纸。当猫咪伸展身体或蜷缩起来的时候，它们是观察的完美之选。它们的面部成一个小三角形。

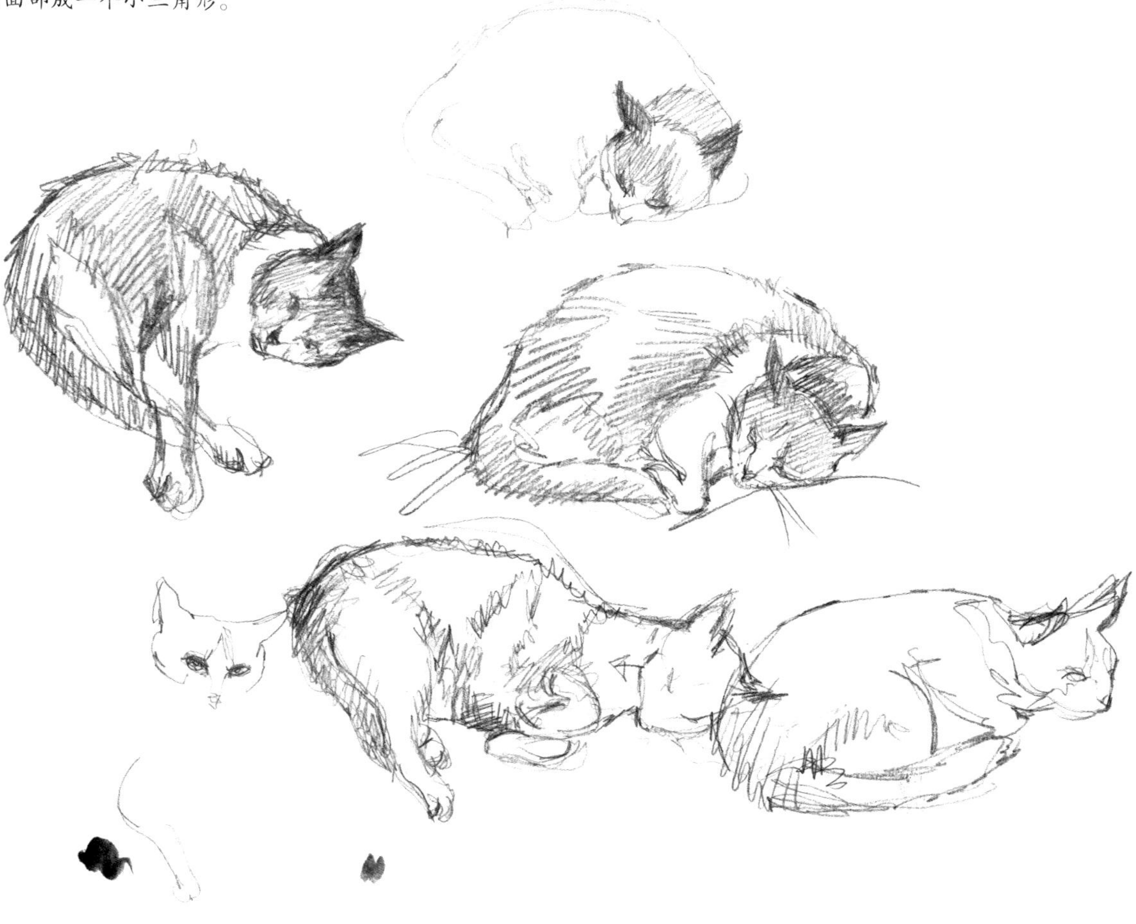

态势素描法

这种绘画风格采用更加散漫和自由的方法。你需要轻轻地拿着绘画工具，无论是刷子、铅笔还是钢笔，进一步处理作品。置身于纸外，能够帮助你注意作品的整体性，避免作画过于拘谨，忽略不同元素的相对比例。

态势素描法能够提高绘画速度，但你无法注重细节。所以它能用于绘画一张粗略草图，例如记录可能移动的人群。一天中的光线会不断发生改变，你也可以快速记录下来。

绘画并不是画出物体的外观形状，甚至不需要画出它是什么，但是要画出它在做些什么——这种风格是画出作品的精神，而不是尽可能再现某个物体。

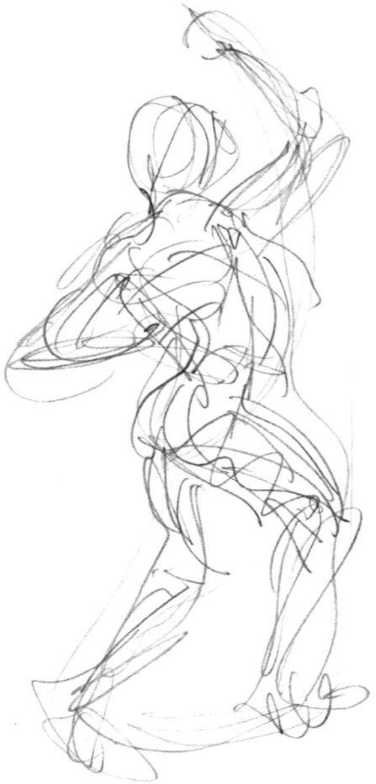

这幅线条歪斜的姿态图尝试跟上并记录人物的运动轨迹。

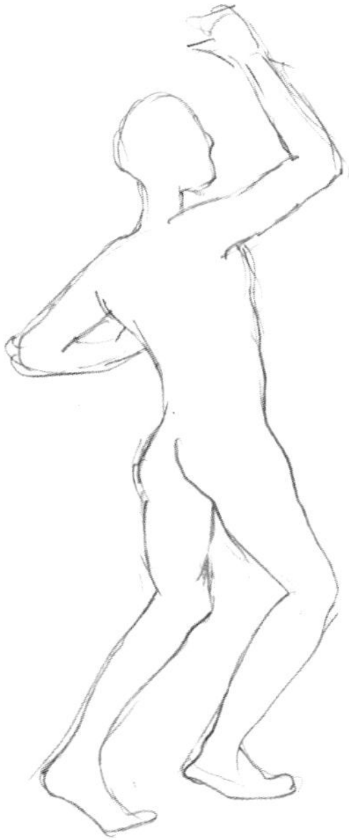

这幅人像用拘谨的铅笔轮廓线表达。左边快速潦草的线条描绘了运动轨迹，上图中简单的线条定格了人物的某一姿势。

这种风格适用于画任何物体，但最适合创造某种意境，如风景的快速一瞥、房间的一角或颤抖的野花。

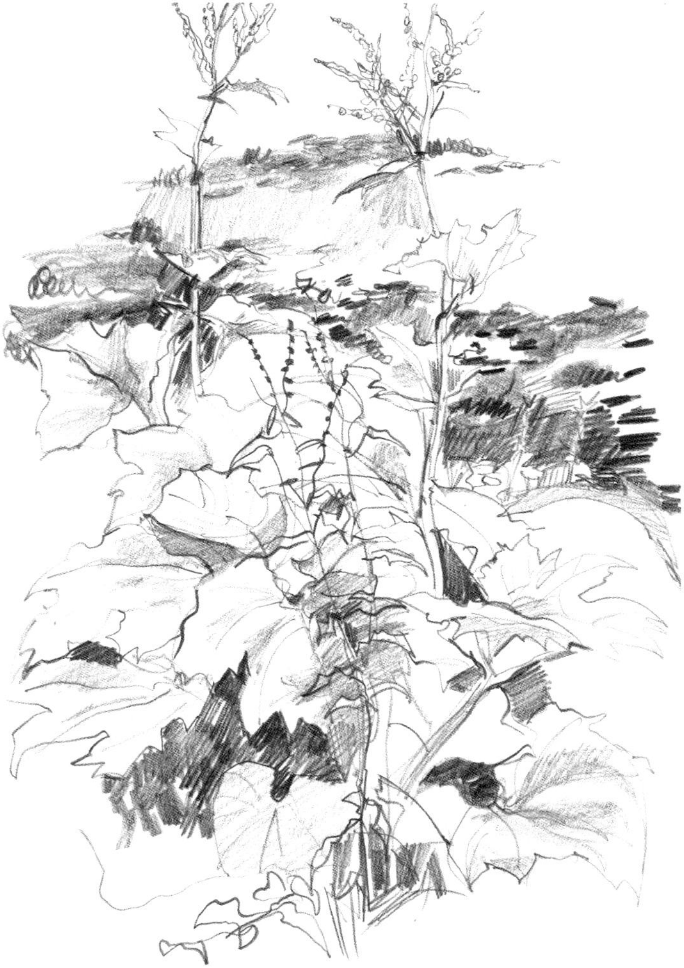

▷图中以散漫的手法记录了一株植物的姿态。它不仅展现了主要的绘画方式，还展现了粗略的色调区域。

▽左边是一幅轮廓素描，用简单的线条描绘了手的形状；右边是一幅态势素描，记录了手势的动感。

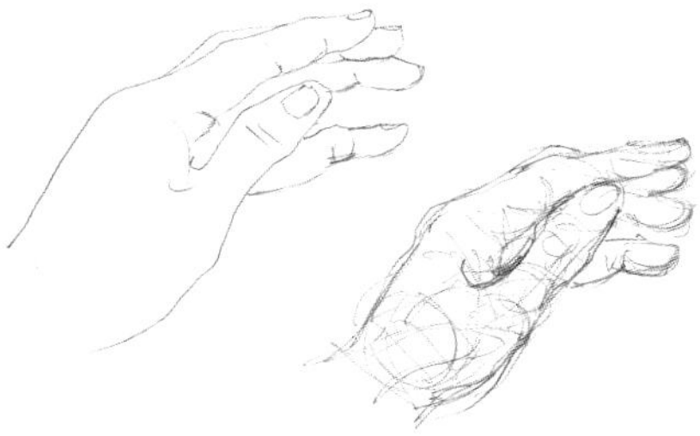

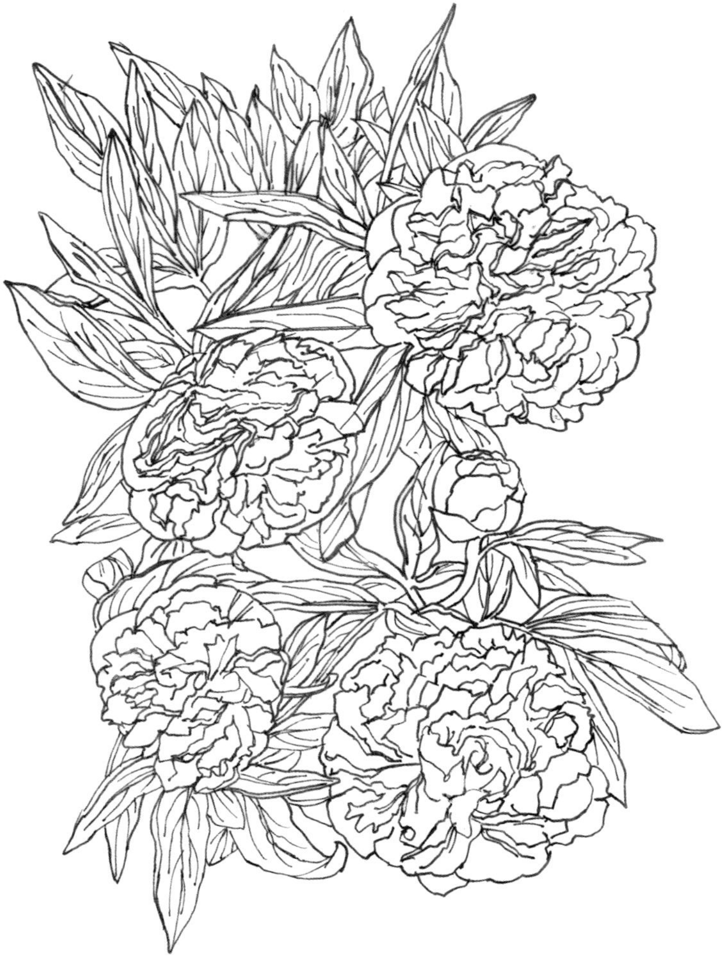

这幅牡丹轮廓素描画是用细钢笔沿着植株的边缘和形状描绘而成。这种装饰性的风格特别适合植物学的研究，叶子上的纹路也认真严格地绘制下来，但这并不适合每一个人。

结合不同的绘画风格

在这些画中，或多或少地体现了轮廓风格、连续风格和态势风格的结合使用。例如，咖啡壶上有色调的区域就好像是因为它们需要才添上的一样。而这恰恰需要开放的思想和开阔的眼界，也许这就是绘画有趣的一面吧。

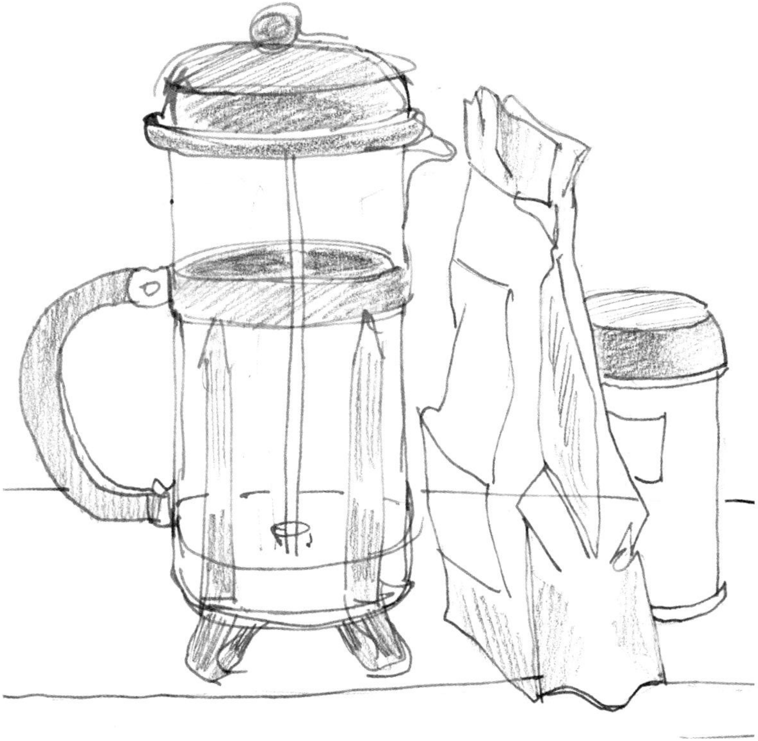

△这幅轮廓素描上有一点点用铅笔画上的色调。

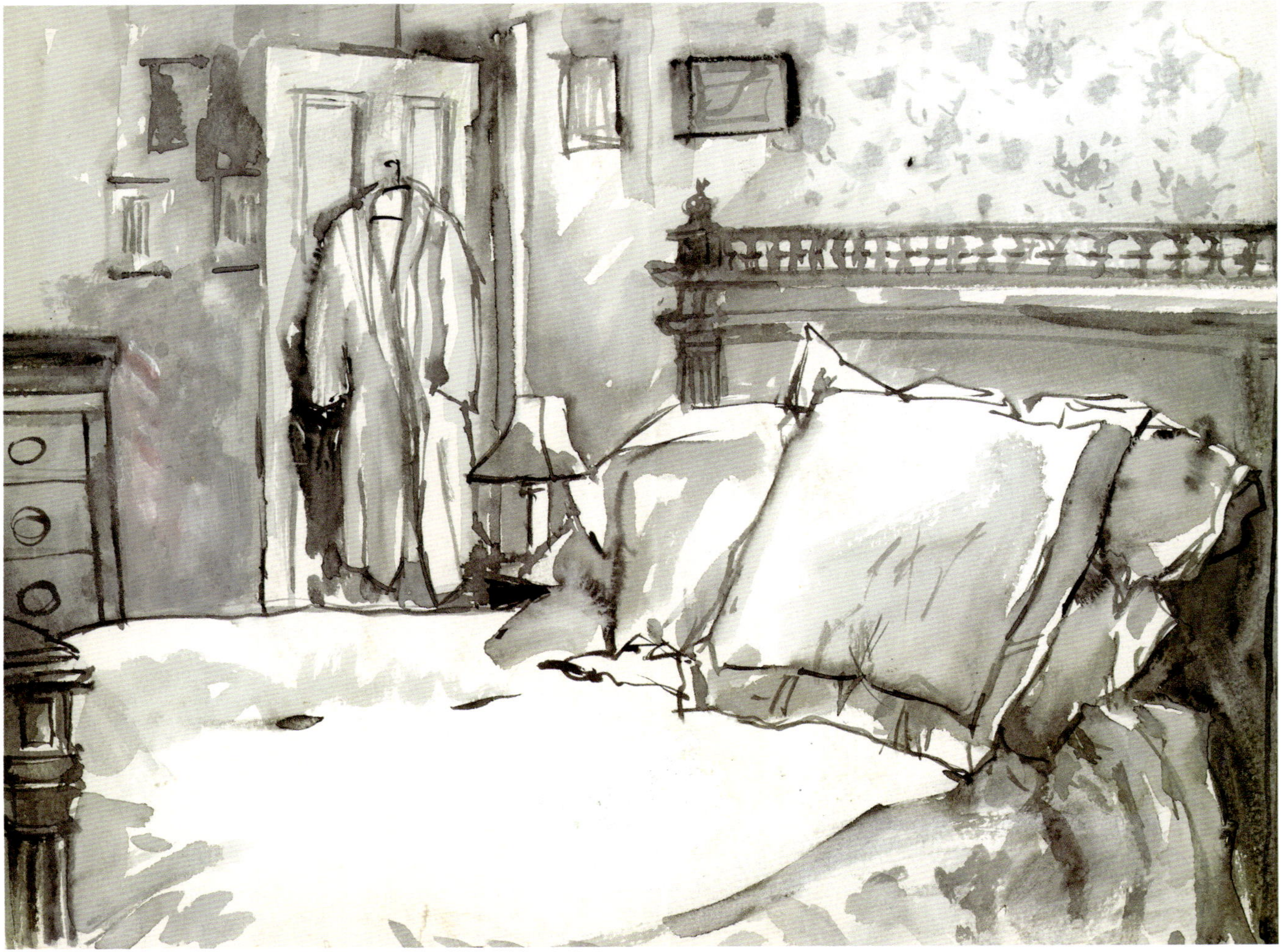

第七章

绘画主题

一旦你开始用艺术家的眼光去看待事物，你将会发现一些细微的绘画时不值得注意的物体。几乎所有的事物，不管多么平凡，你都有可能被它们的纹理或轮廓所吸引。它们在引起你的极大兴趣的同时，会提供训练技术的机会。当然每个人都有所偏爱，比如自然世界、城市景观、人物或动物。在这一章节中，你将了解如何处理这些主要题材。

◁我喜欢正式感与亲密感形成的对比。装饰华丽的床头板一丝不苟，而暗示某个人无形存在的家居服和宽大的枕头则十分温馨。稀释的水彩画颜料描绘了被单和枕套折叠悬挂时候的状态。

树　木

尽管树木看上去十分复杂，如果你仔细观察欧芹的新芽或花椰菜头，你会发现它实际上就是阔叶树的缩小版。你需要做的是去观察树木的整体形态，而非局限于描绘某片叶子或是某根枝丫。从远处看，树木的形状显得非常紧凑。但是即使离得很近，你也要避免画上太多的细节，应该更加注重边缘部分。

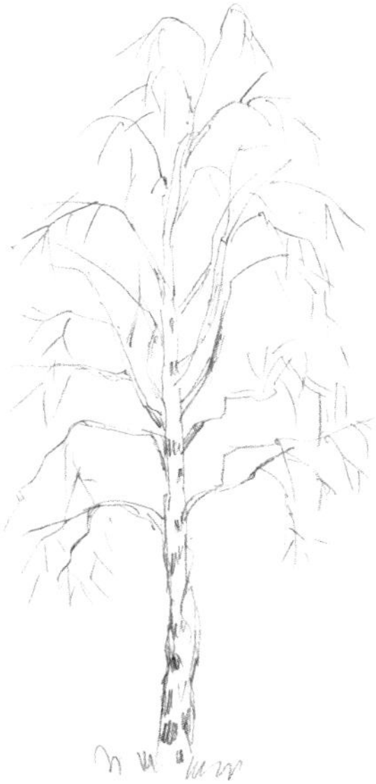

第一步

巧妙地利用铅笔，精确地画出白桦树的细长比例。从树的底部入手，添上树干上明显的深色部分，再画出下垂分枝基本的骨架形状。

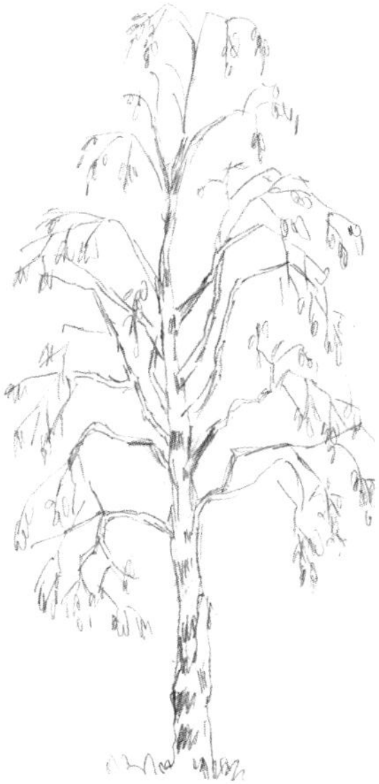

第二步

继续绘画，在细长的树枝上添上一些笔触作为树叶。

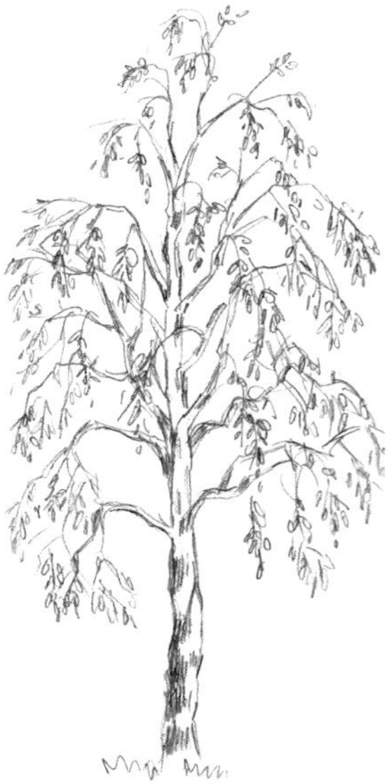

最后一步

添上更多的叶子，记得保持树叶下垂的特征。

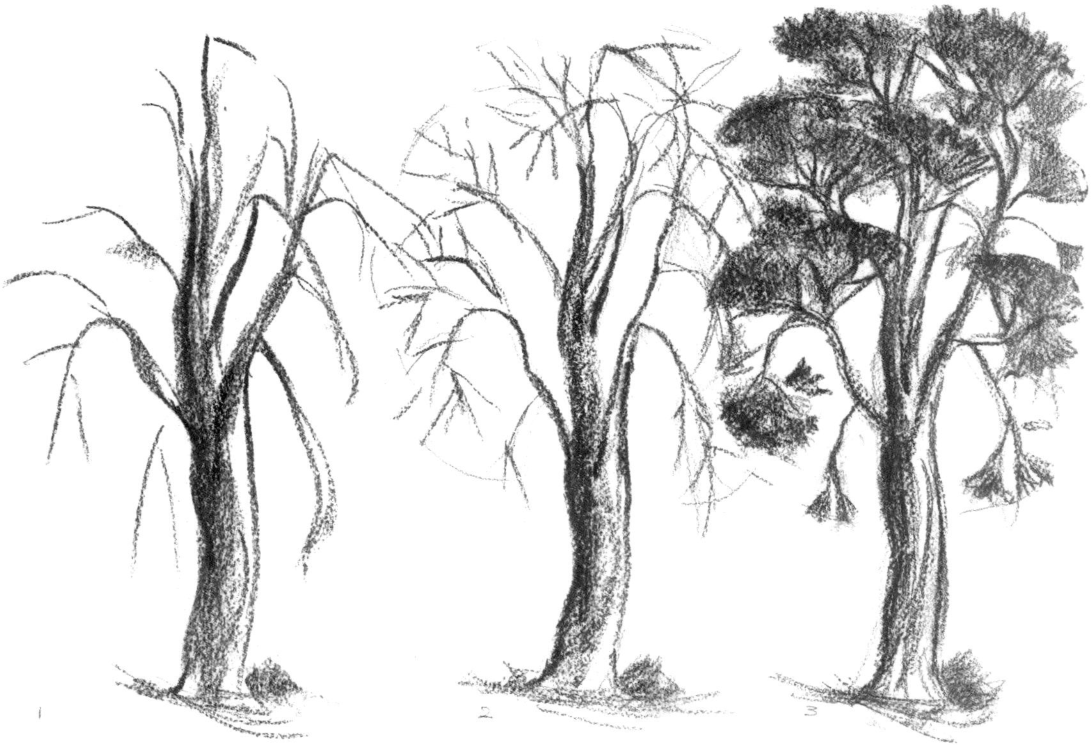

第一步

从底部入手，用炭笔画出树干。再用炭笔的一侧和笔尖顺着上方画出较为细长的树枝。这种画法强调了树木的立体感。另外，要注意面前的树枝是怎么生长的。

第二步

画上更加细长的树枝，成扇形散开，形成主要的轮廓。

最后一步

用炭笔的一侧在树枝的末端画上阔叶的形状。

毛笔可以用于画虚线。这特别适合画枝繁叶茂的树木——给人以光线从树冠上漏下来的印象。

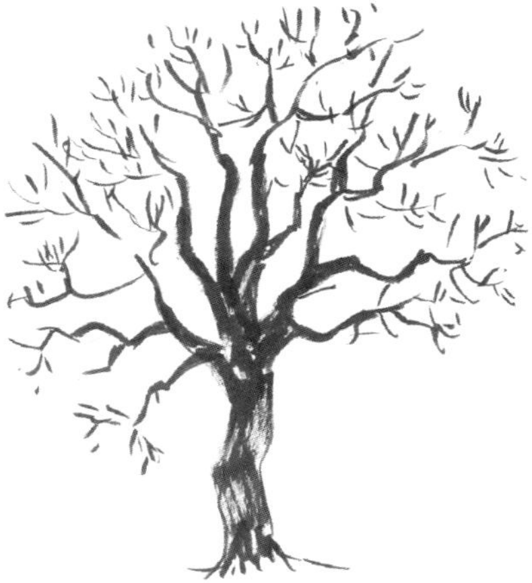

第一步

用毛笔从树的底端开始画，向上画出树枝的骨架。注意观察整体形状边缘部分的树枝是怎么变细的。

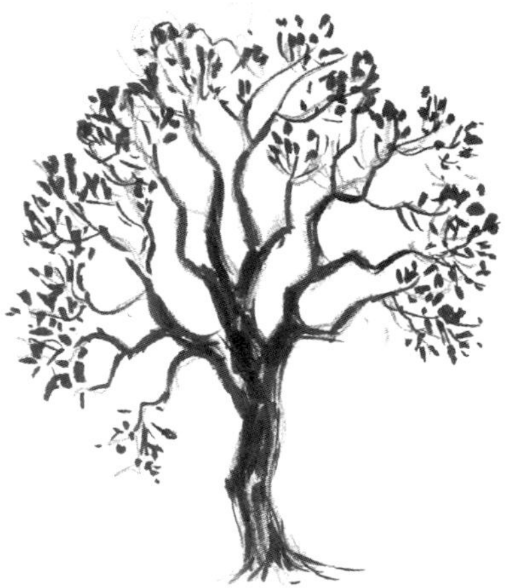

第二步

在树冠画上不同形状的笔迹作为叶子。

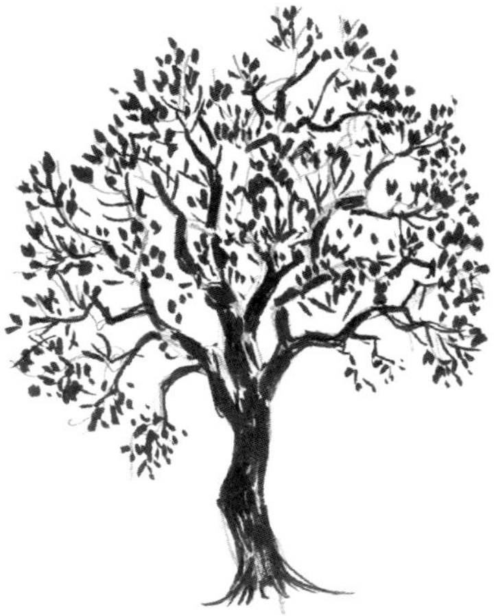

最后一步

继续画点，点与点互相重叠，逐步向树的中心靠拢，让树的形状更为立体。

水彩画颜料具有良好的流动性，适合画紧凑的形状，比如柏树。

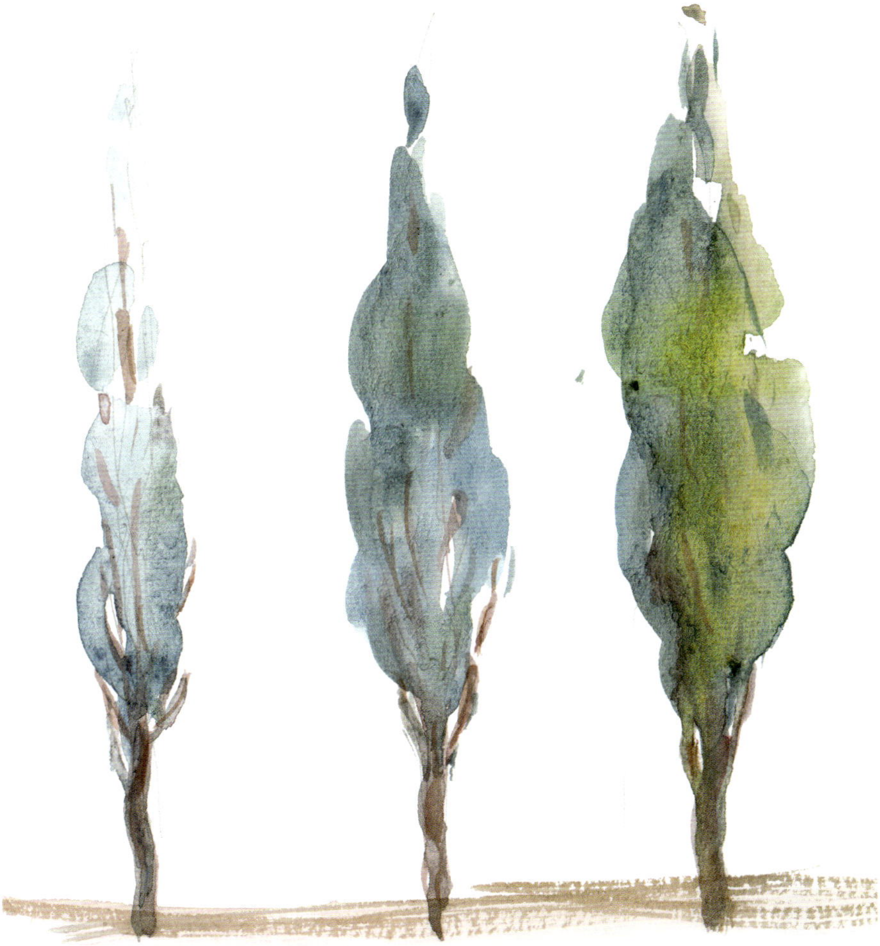

第一步

先往蓝色颜料中添加一点红褐色充分调和后，从树干着手，向上画出树木的底层结构。用断断续续的笔触绘画树叶之间的枝干。

第二步

丰满树叶的形状。颜料要用大量的水进行稀释。

最后一步

继续绘画树叶部分。在湿的蓝色颜料中加点黄色会形成绿色。

风　景

风景画是送给视觉的礼物——当你尝试通过画作表现风景时，你会与自然合为一体，那是种强烈的自然体验。

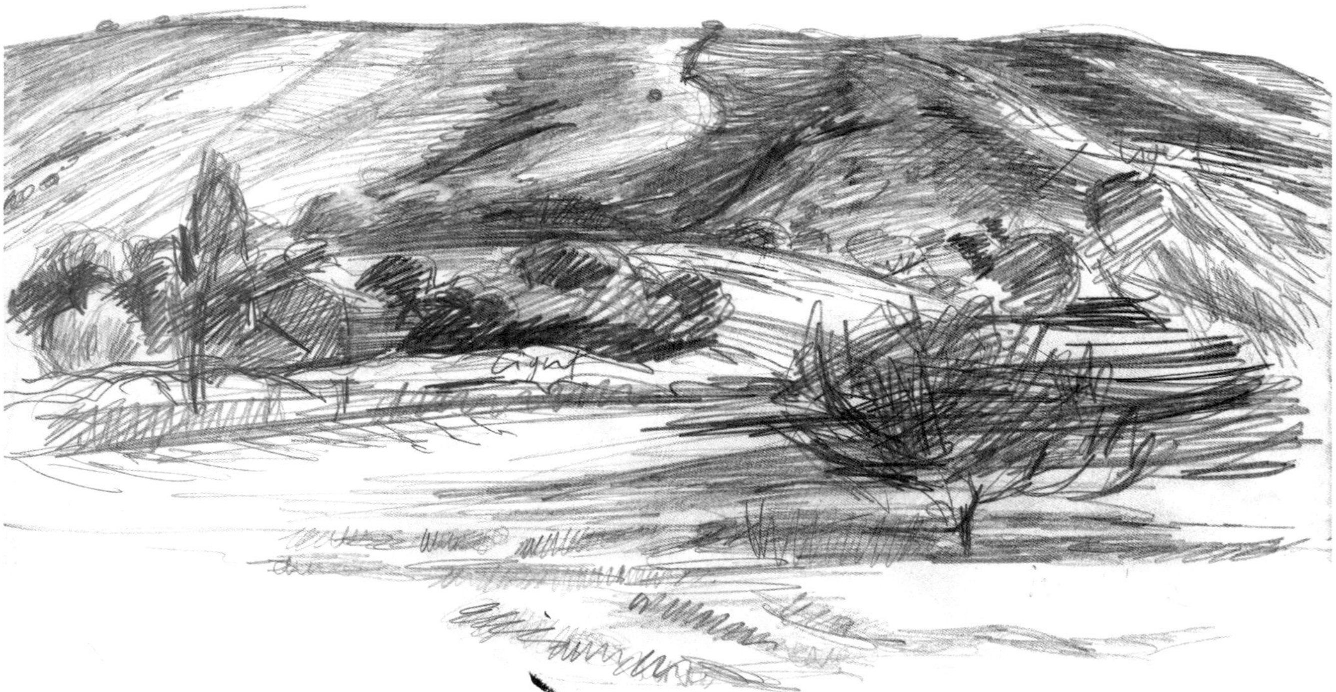

光线元素和气氛元素一直都在不断发生变化，所以你必须快速做出反应。这个主题特别适合试用你的绘画材料，发现它们各自的用处。例如，炭笔适合描绘多云阴郁的天空，而纤细的线条象征着晴朗的艳阳天。绘画难度在于观察然后画出大致的形状，最后用线条和色调表现出来。

风景画的绘制离不开各种元素，从古冰川到如今的河水溪流。用线条勾勒基本布局，刻画主要特征。接着为了营造距离感，注意观察前景和背景色调之间的变化方法。大气雾霾会柔和物体的颜色、色调以及细节，所以远景会比前景模糊。

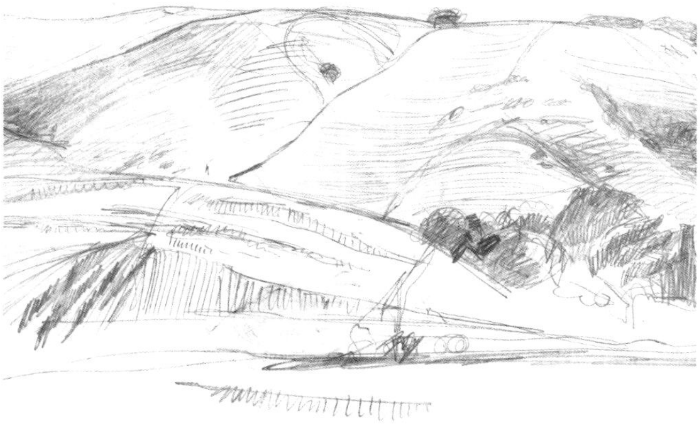

这幅画包含了两种视野：近景和远景。我被山坡上的绵羊所形成的线条和英格兰南丘牧场树木稀疏的自然风光深深地吸引住了。作品只记录了牧场的轮廓以及曲线上的几个点，它们看起来就好像画在一张地图上。

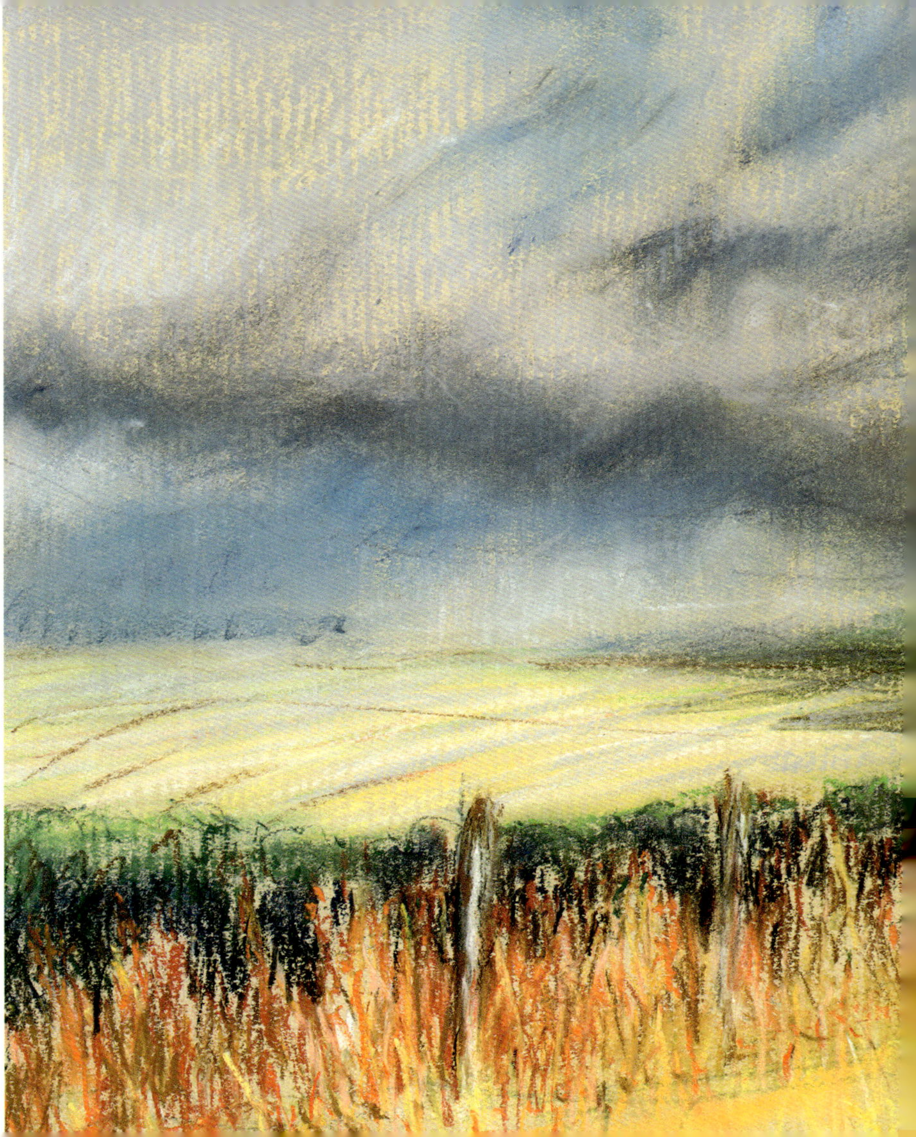

绘制这幅蜡笔画时，我选取了米色的画纸，米色是这幅风景画中的主色调。在画作的某些地方，你依然能够看到画纸的本色。尤其是天空，用了宽且轻的笔触，使之不同于用零散的笔触绘画的更为繁乱的道路和田野。

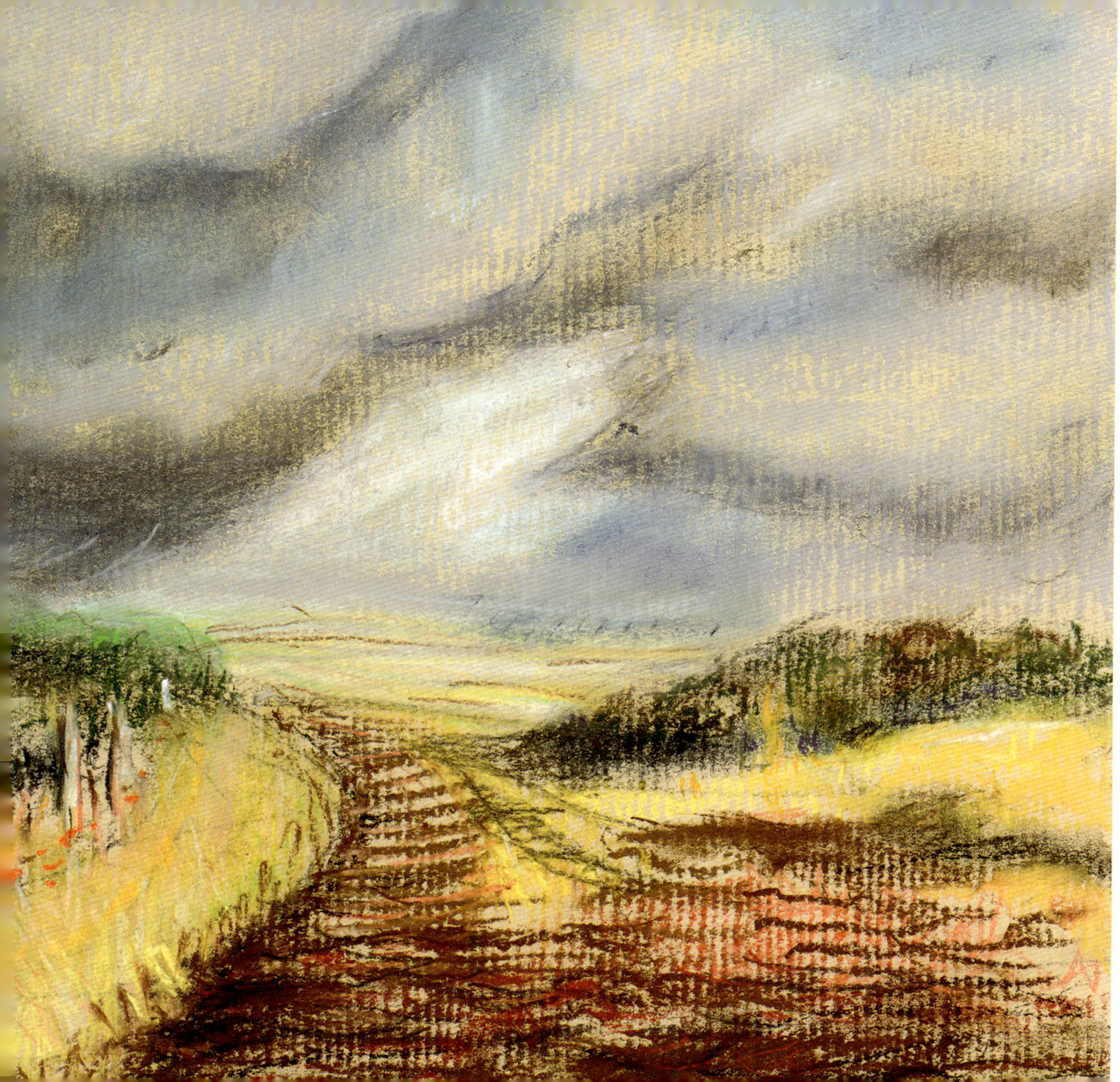

城市景观

你可以以柔软的植物和坚硬的表面形成的对比为主题。这类主题可能就在你住宅的拐角处，甚至从你家的窗口就能看到。去商店途中某条绿树掩映的街道或公园某条小路的一角都是绘画的理想主题。同开阔的景观相比，这类主题更注重立体感。

小径、街道、建筑、运河等清晰的线条有利于确定画面的结构；有机曲线以及草坪、树木、植物等柔软的纹理有利于保持平衡的布局。

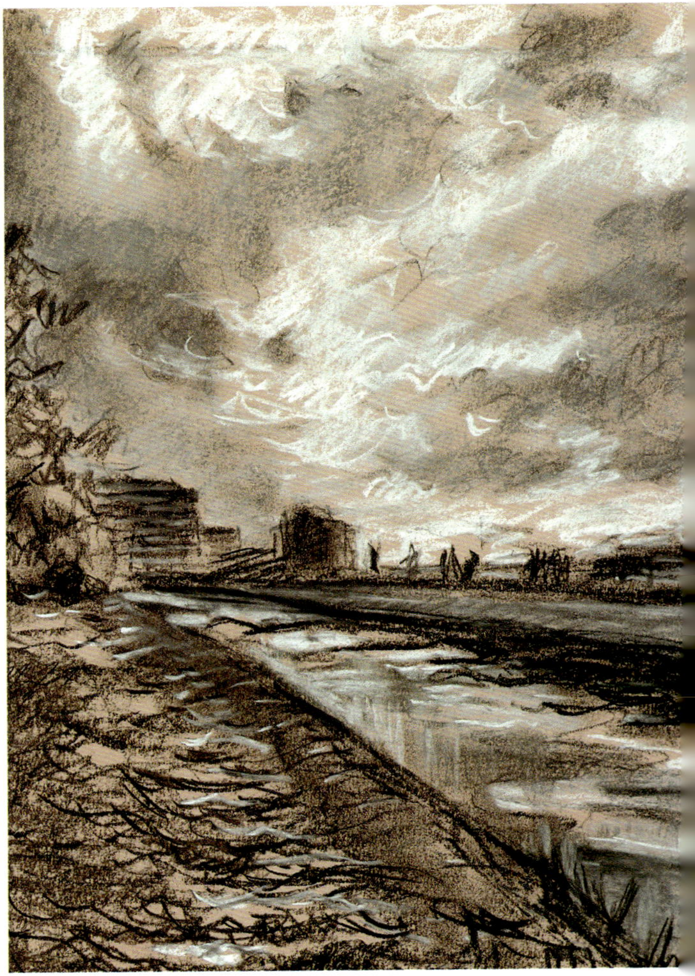

▷运河的对角线不仅引导视线进入画面，还加强了画面的透视，强调了地形的平坦，渲染了恶劣的天气。炭笔特别适合用于营造氛围。这里就运用炭笔在着色纸上画出中间色调，再用白色粉笔画上亮部。建筑和前景只用几条线条就完成了，天空才是绘画的重点部分。

▷这幅钢笔淡彩画，通过松散快速的手法，运用简化的记号，描绘前景中的植物，留下了围墙花园的画像。树木的颜色最深，它的色调也最深，说明它们的距离更远。围墙上用写意手法描绘的植物品种繁多，根部较暗。这便于展现树叶和花头的形状。树木之间空隙颜色较浅，从中可以看出柏树的形状。

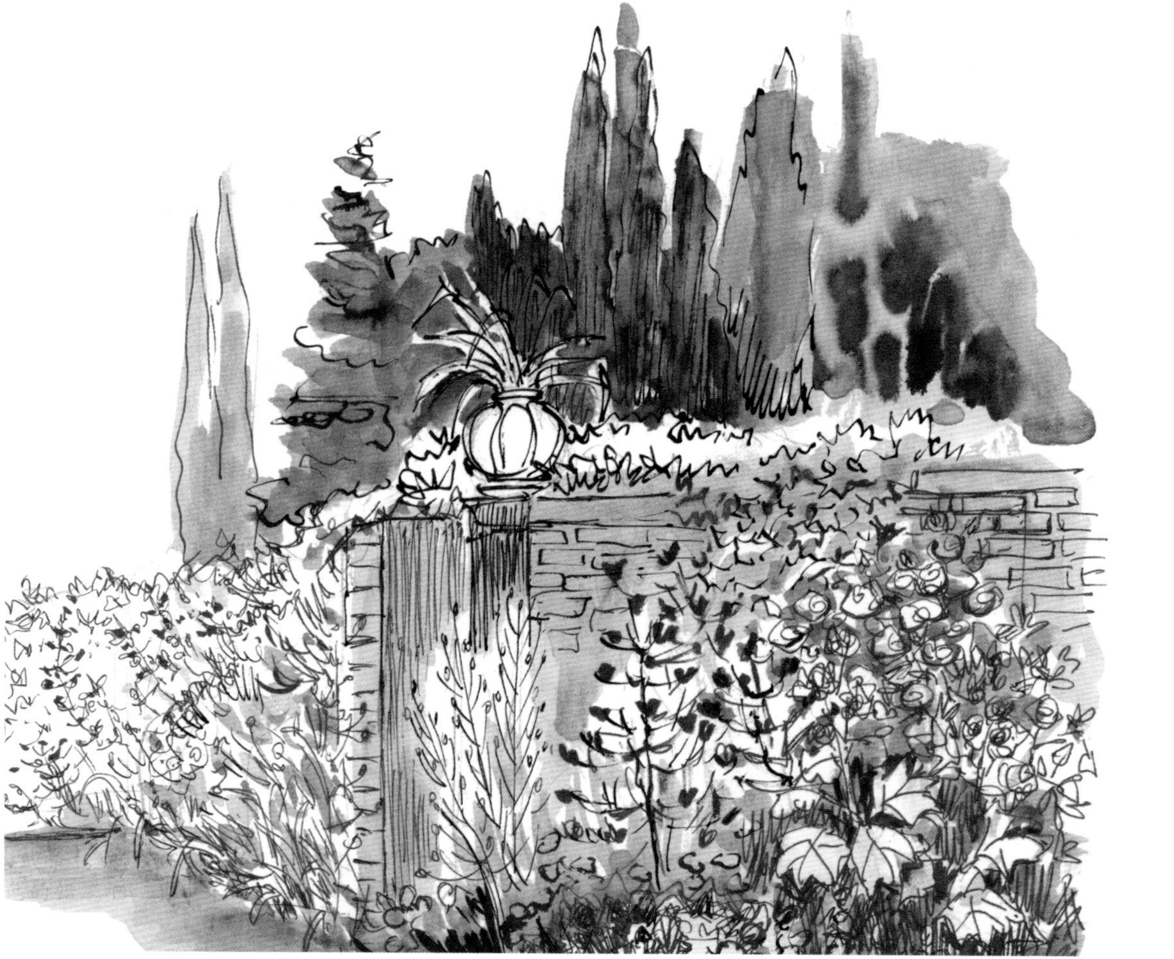

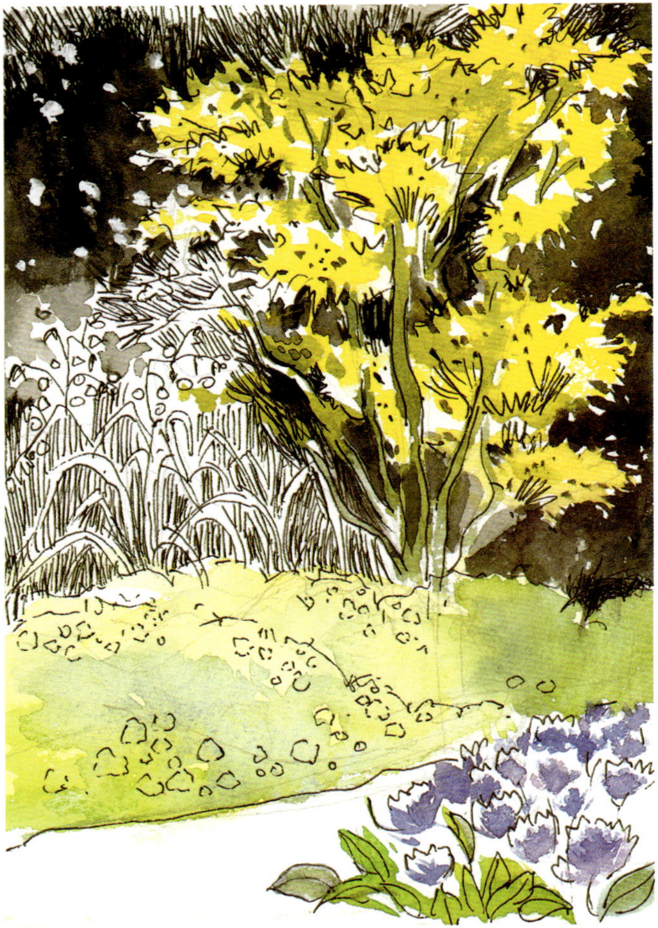

花 园

即使你没有花园，你也可以去比较近的地方作画——邻居家的花园、公园或对公众开放的著名园林。在比较正式的花园里，有各种有趣的建筑细节，如一段台阶、墙壁、装饰性的瓮、长椅和雕像，所有这些都是组成作品的一部分。角落里的花丛十分有趣但是轮廓不明，所以你需要清楚描绘不同植物的比例与形状。仔细观察最近的植物，画出它们的轮廓；远处的那些花可以采用更加写意的画法。

◁用钢笔和水彩画颜料画出蓝色的花朵和黄色的花朵。夸大灌木丛后的深色，从而清楚展示花朵的形状。为了画好一幅作品，总要有一点点创造或发挥艺术的空间。

▷这幅花园小路的钢笔画非常风格化。简洁的线条，而不是松散的笔触，亟待观赏者的诠释。

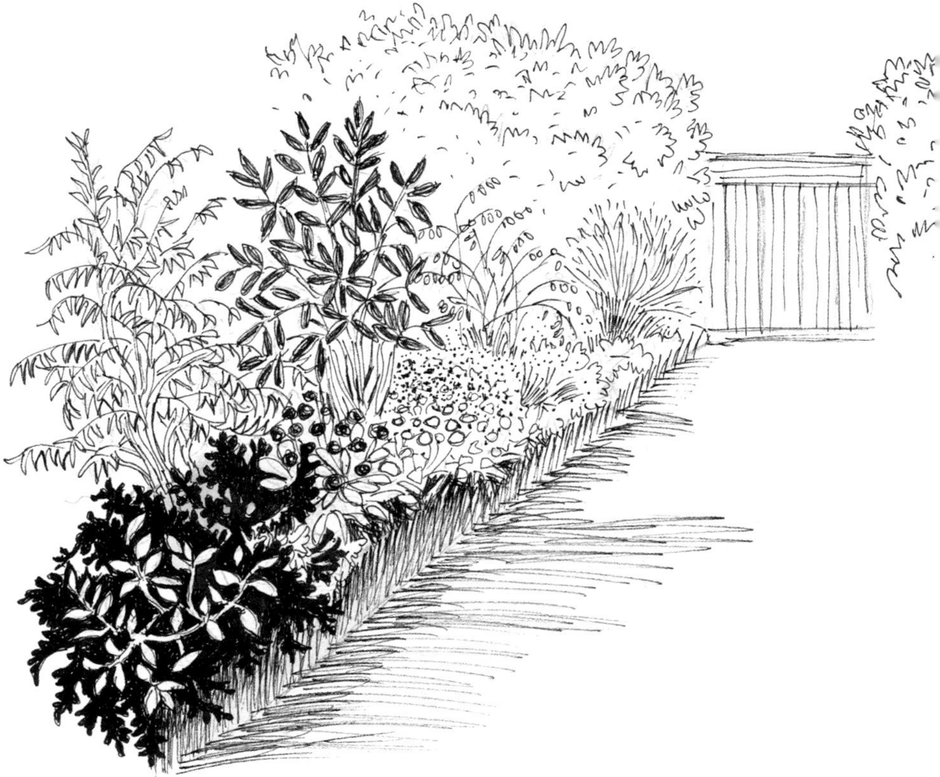

▽在窗前作画时，视野十分开阔。你可以看见通往大门的小路上，沿途的植物越来越小。在这幅钢笔淡彩画中，最为有趣的是通过淡化树叶周围的颜色强调暗部来突显树叶。作画的笔触都简化成不同形状的植物。

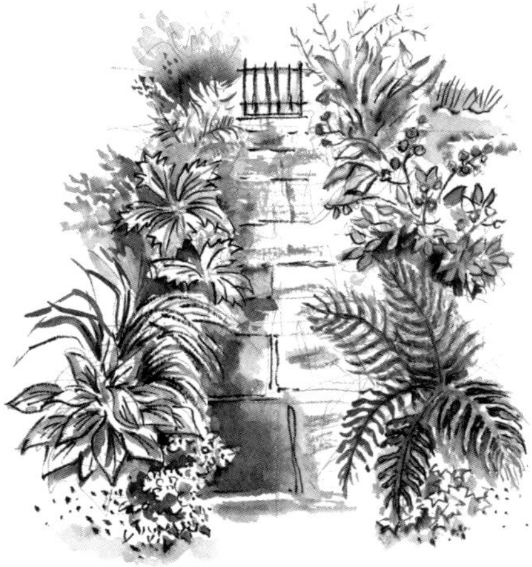

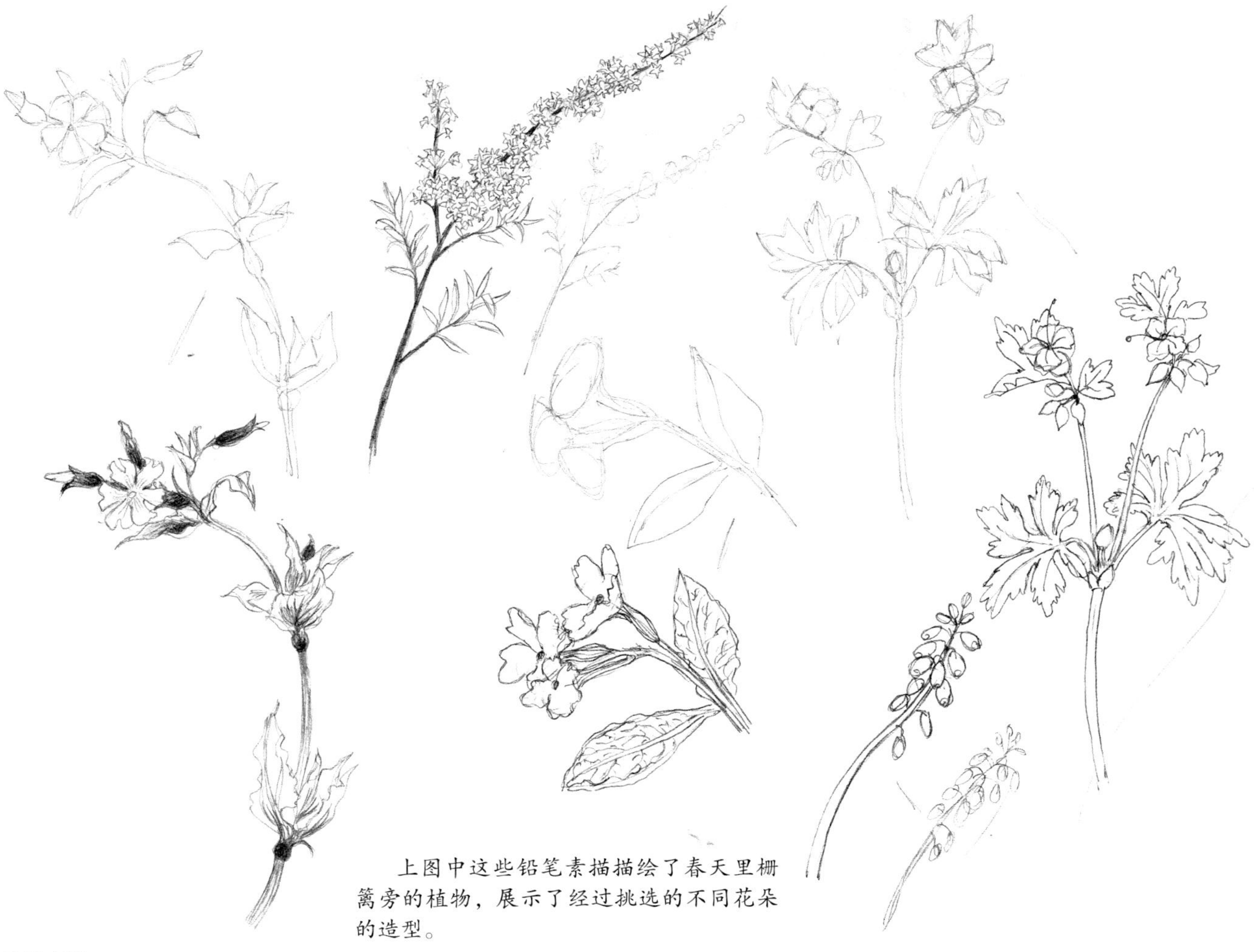

上图中这些铅笔素描描绘了春天里栅篱旁的植物，展示了经过挑选的不同花朵的造型。

画　花

对于花卉，你需要有一双较为敏锐的善于分析的眼睛，能够透过植物的生长形状看到它的基本样式。尽管大自然中有着各种形状的叶子和花朵，它们看起来好像很复杂，但是你可以把它们简化为一系列简单的图形。最初的粗略草图能够帮你更加清晰地认识植株的构造。

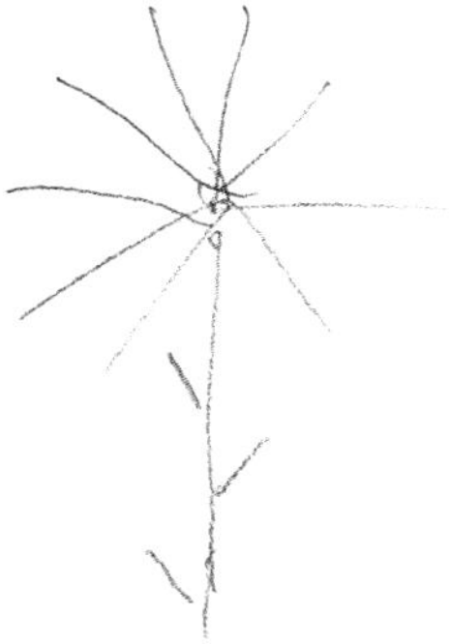

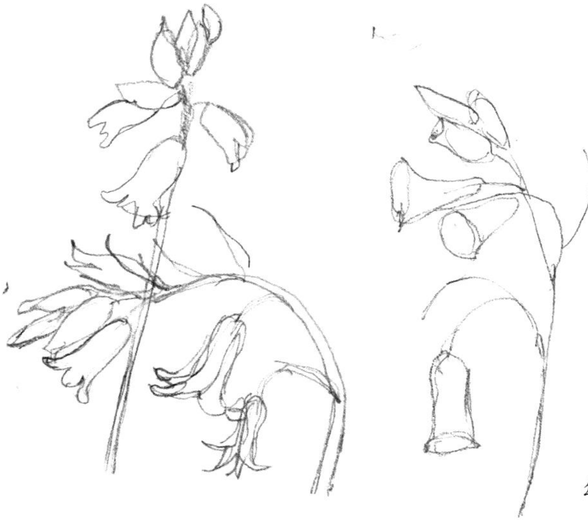

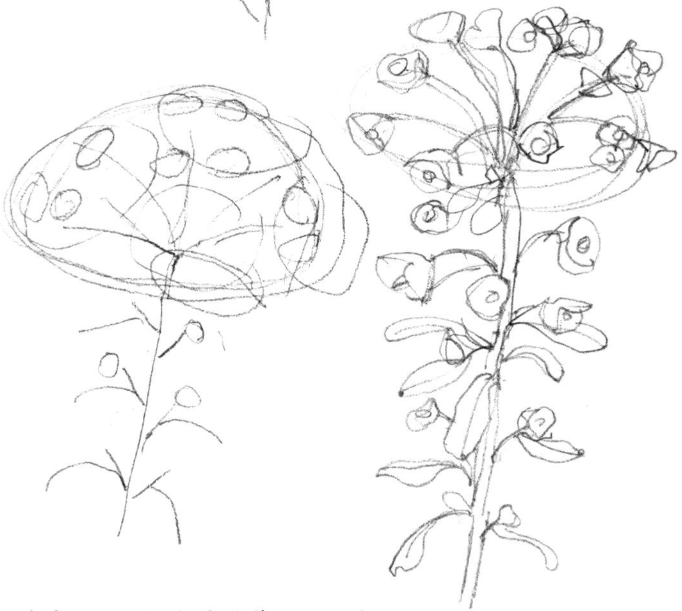

图中所示的是风信子和大戟的草图，画家大致勾勒了花朵的构造。

▷在这些用铅笔画的鸢尾花中，我研究了曲折变化的花苞。

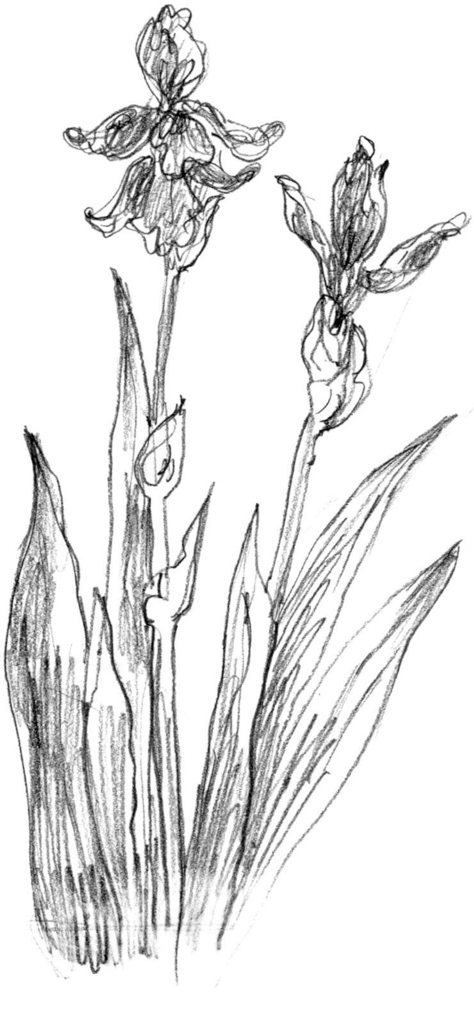

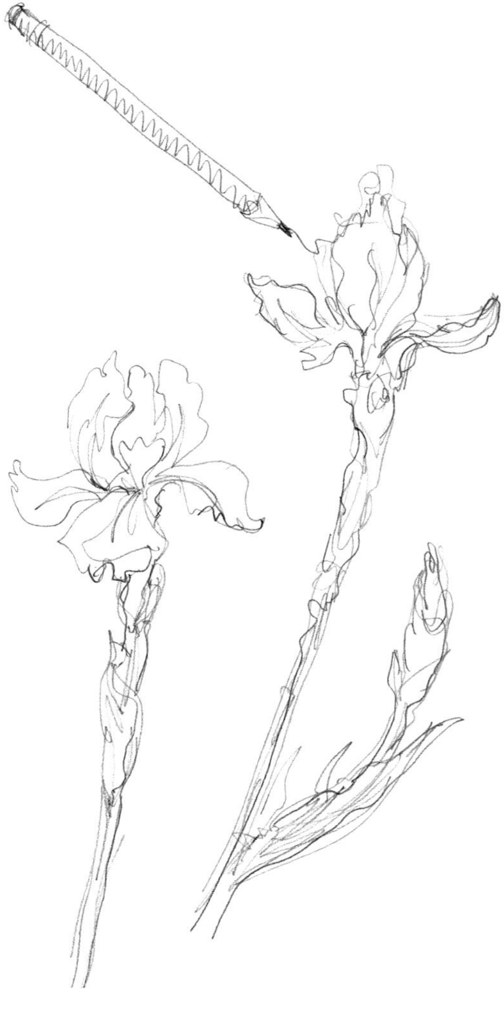

▷我这幅由铅笔和水彩画颜料绘成的鸢尾花画受到了日本艺术的影响。在日本艺术中，画面常常局限在矩形方框内。

▷在这幅画中（最右边），我特别重视刻画老鹳草细微的锯齿状叶子。

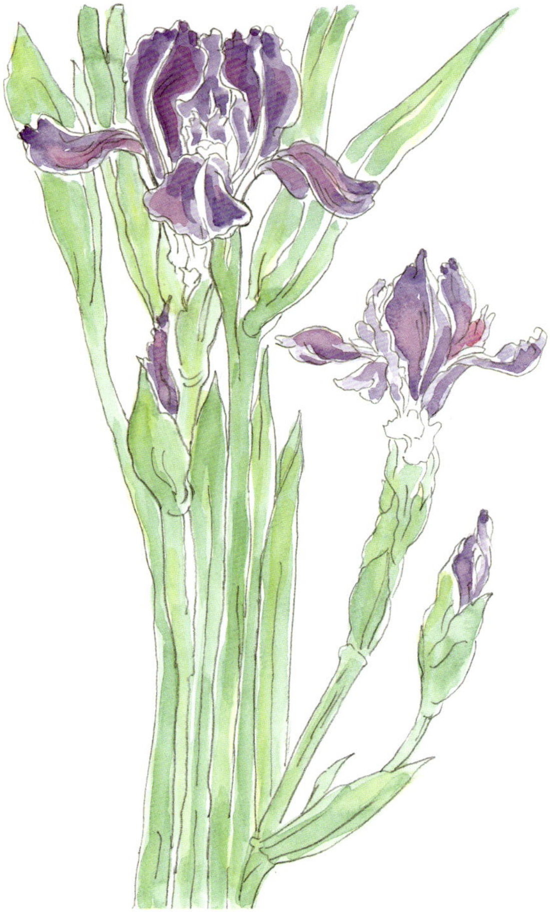

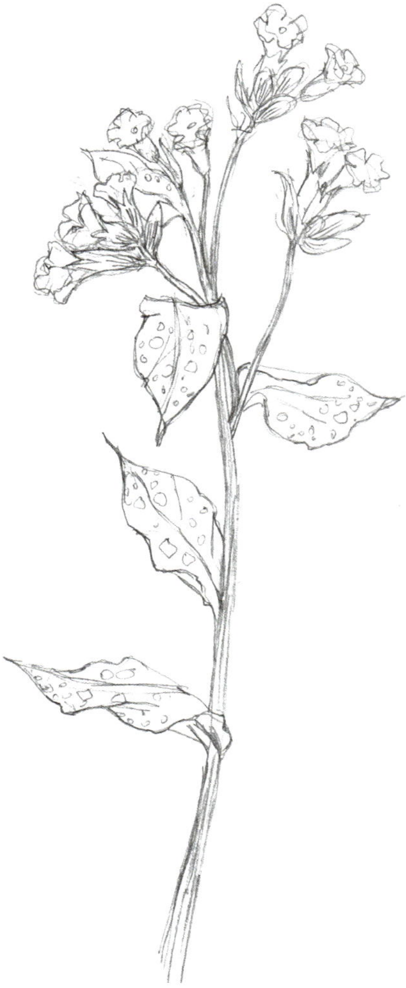

画蔬菜

蔬菜有各种有趣的外形与纹理。在某块菜地里，我就曾经观察过其中一部分蔬菜。如果你没有机会画正在生长的蔬菜的话，蔬菜水果商也有售卖没有修剪过的农产品，上面还带着叶子。这些都是十分迷人的绘画主题。

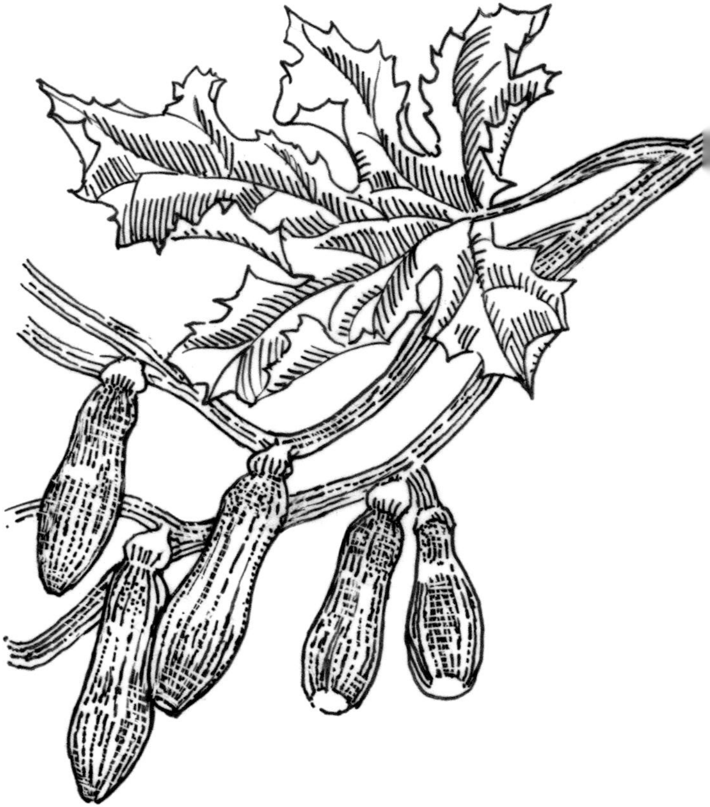

▷钢笔画注重描绘不同的纹理，特别适合绘制优美的笔迹，表现小胡瓜锯齿状的叶子。

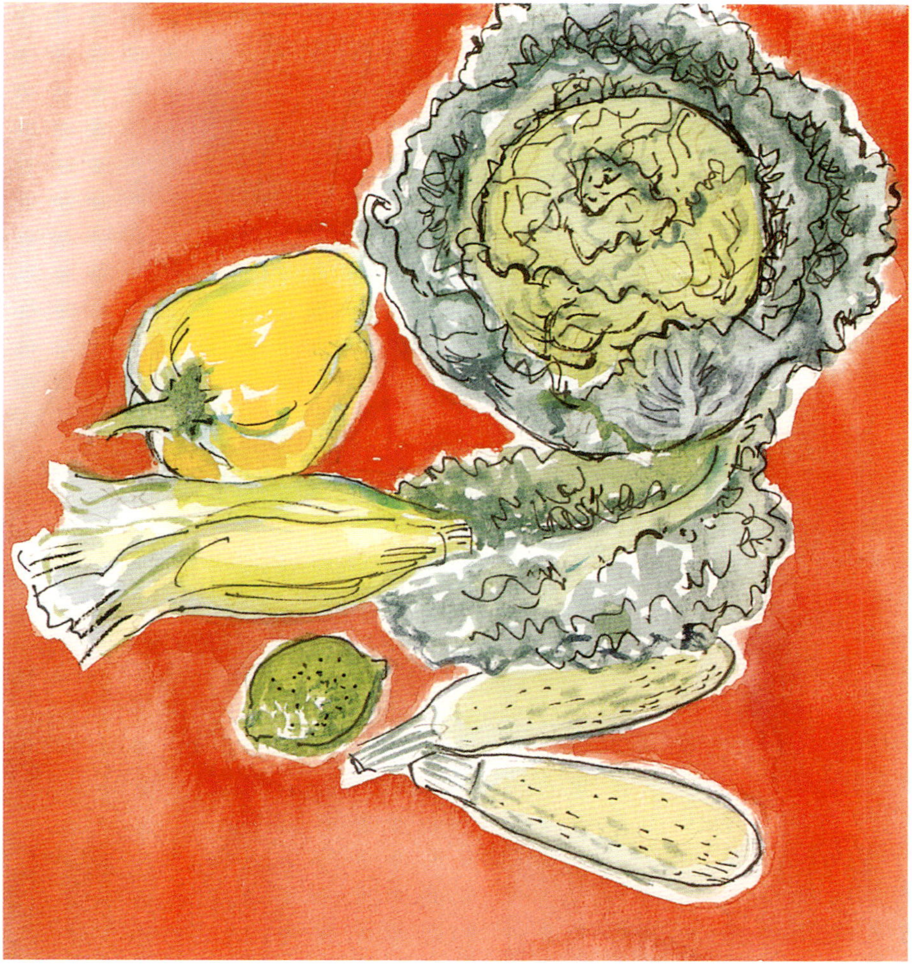

◁图上的卷心菜、黄甜椒、青柠、菊苣均由钢笔和水彩画颜料绘成。用钢笔以比较松散的手法画出卷心菜上复杂的线网。为了体现绿色调与黄色调之间的对比，我选择红色作为背景。

建　筑

在你开始当场作画描绘建筑时，可能会碰到一些实际问题，比如说交通、从你身边匆匆走过的行人等等。所以首先要在当地找一条安静的街道或安静的广场，即使你觉得那里的建筑有点普通。这也许会引起路人的注意，他们会凑过来看看你在干什么。如果这样会打扰到你，很简单，你可以换个位置，背靠墙作画就好，那样子就没有人能够偷看了。或者，你也可以寻找乡村的房屋，在那里你会发现各种类型的建筑，从豪华别墅到农家小屋都有。

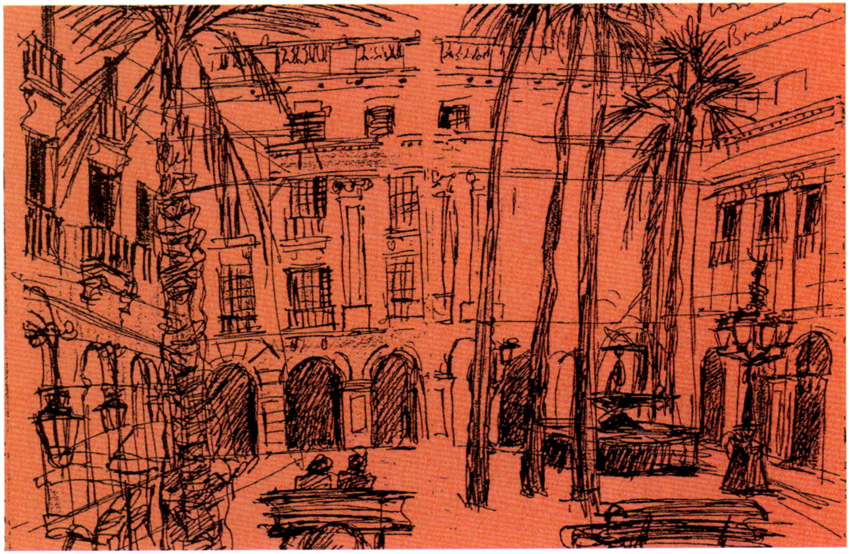

◁这幅钢笔画画在红色的画纸上，描绘了巴塞罗那的皇家广场，风格快速写意。画中只记录了一部分相关细节，如拱门和路灯，从而强调该建筑是广场的一部分。

▷在这幅画中，我利用墨水、水彩画颜料和淡彩剂相结合的方式作画。阴影部分很重要，它不仅展示了圆形的延伸建筑，还赋予建筑立体感。这种写意的风格能够尽快捕捉光线的效果。

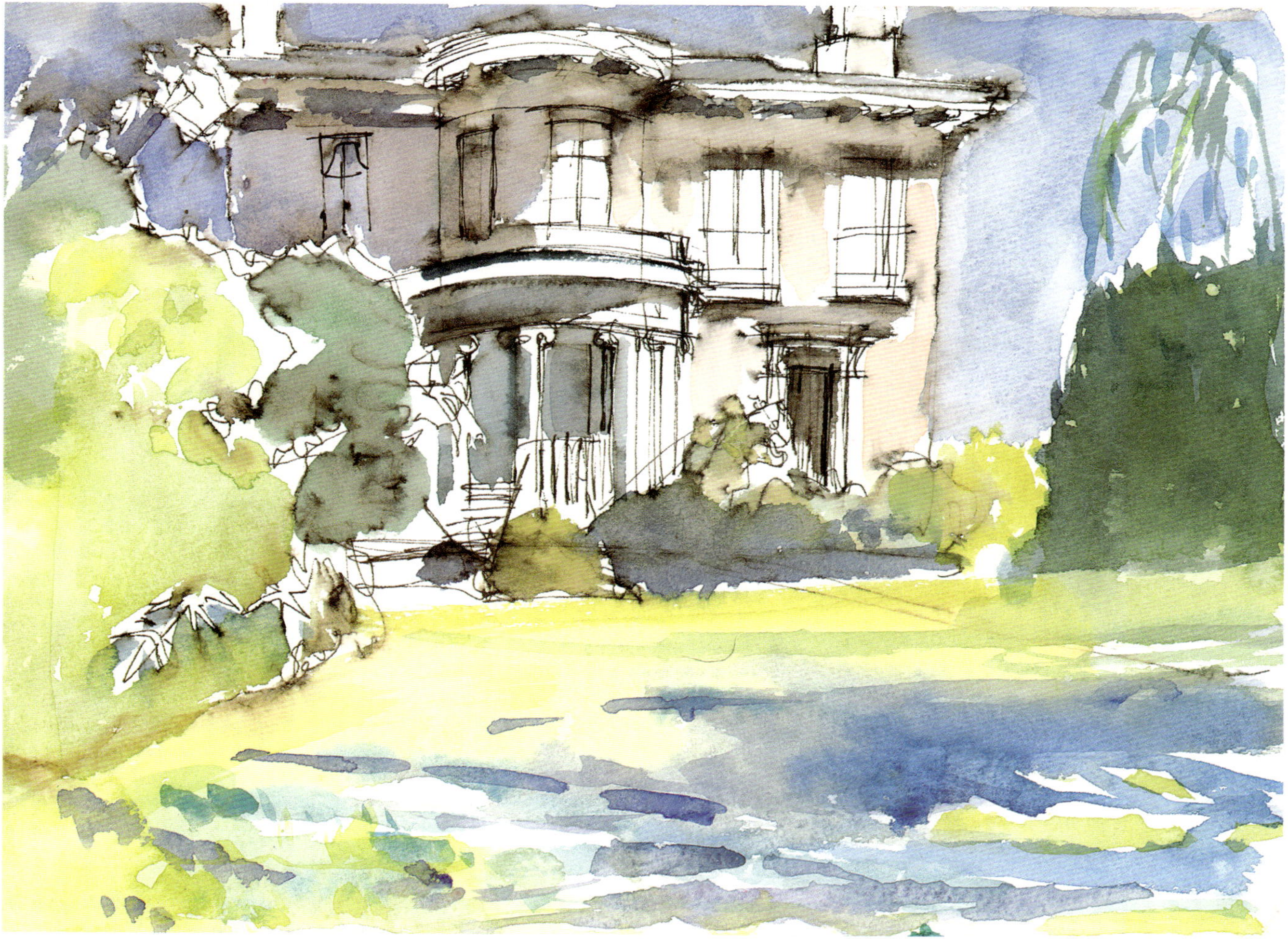

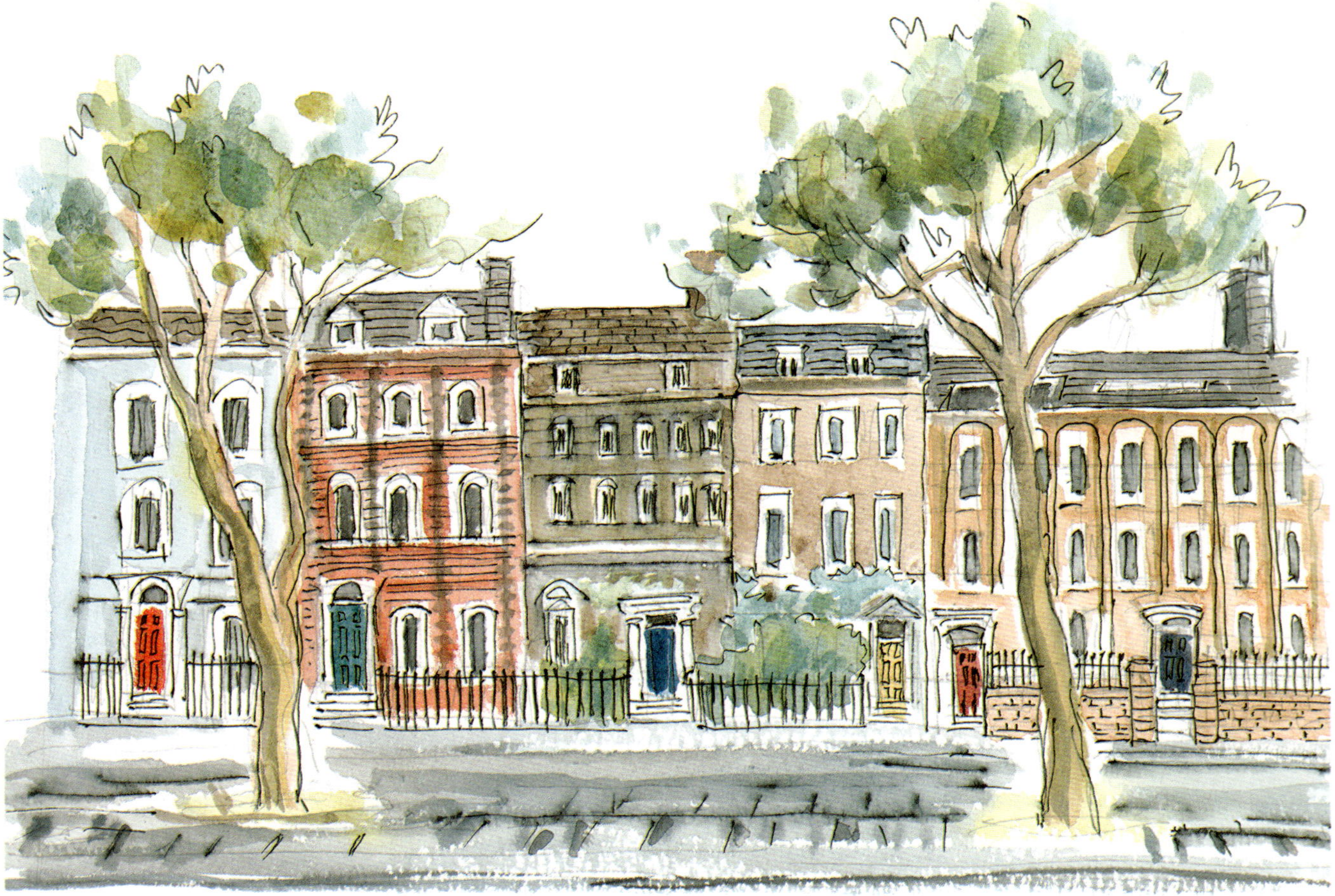

街头万象

无论是维多利亚时代的楼梯、现代高层建筑还是一排排店面，所有的街道都有吸引艺术家的个性与特点。利用照片绘画通常会比现场作画更加容易，尤其是那条街道上人来人往，川流不息。这种方法是完全可以接受的。书上这两幅画视野都相当简单，所以重点在于细节。注意窗户之间的空隙、门的高度与建筑规模大小的关系，因为它们或多或少都在一张网格上，轻轻地画上一些垂直线和水平线会很有帮助。准备工作完成后，你可以把它们画成画了。

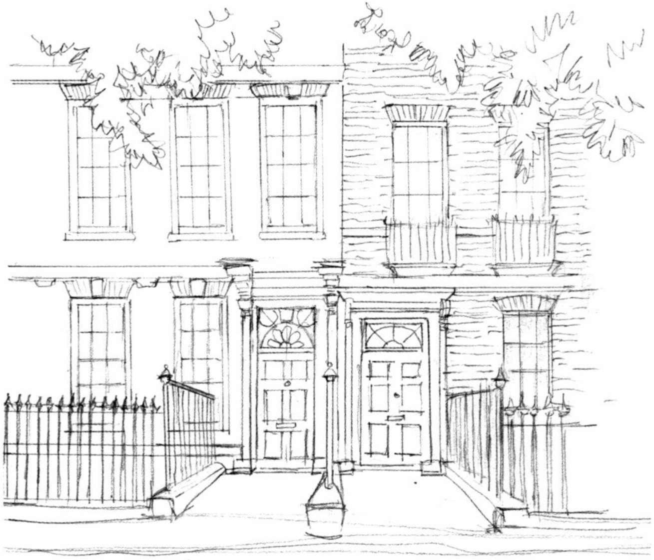

△用铅笔画特写更加具有挑战性，因为它更加注重准确度。如果你画不好直线，那就用把尺。让物体简单化，避免画出每个小细节而导致画面过于杂乱。

◁这是一张典型排房的直视图。我喜欢屋顶高度之间的细微差异以及建筑的细节部分，比如窗户砌砖的大小。画中的树木有利于确定比例大小。

用不同材料画成的街景

该画作的目的是找出处理高层视角街景最有效的方法以及利用不同的材料进行练习。在我的视野中有一条弯曲的街道，街道上人来人往，川流不息。我需要画下交通标志的图案，画出形成鲜明对比的建筑风格。例如这里，你不可能总是站在有利位置开始作画，但是从高层窗户向外看，你对这座城市会有新的了解，会为它的视觉效果而感到震撼！如果你居住的城市不是按网格分布，那么如何表现弯曲的街道以及多样的建筑会是个挑战。

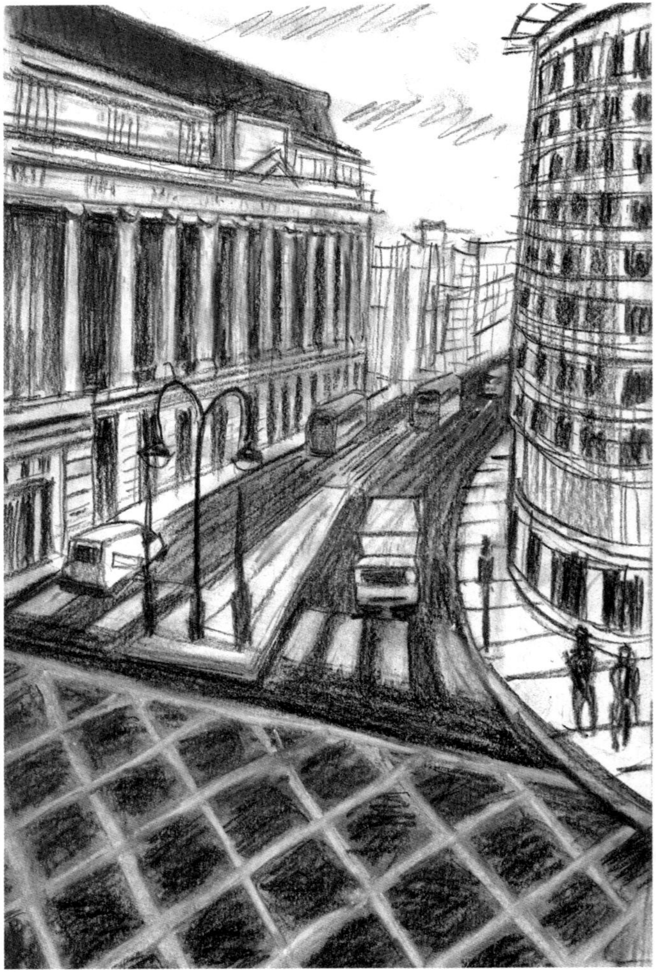

▷在这幅炭笔素描中，我用橡皮擦出前景中马路交界区的线条。

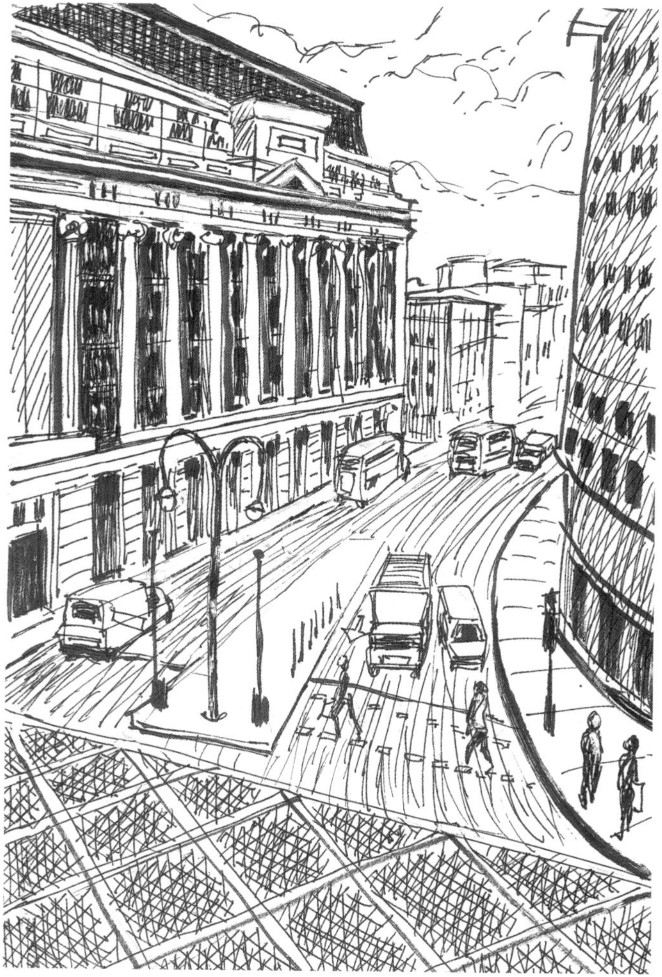

◁这幅钢笔画运用交叉影线和密集线表现较暗的色调。

▽在这幅画中，我通过不同型号的铅笔（从HB到6B）以及下笔的力度表现色调。

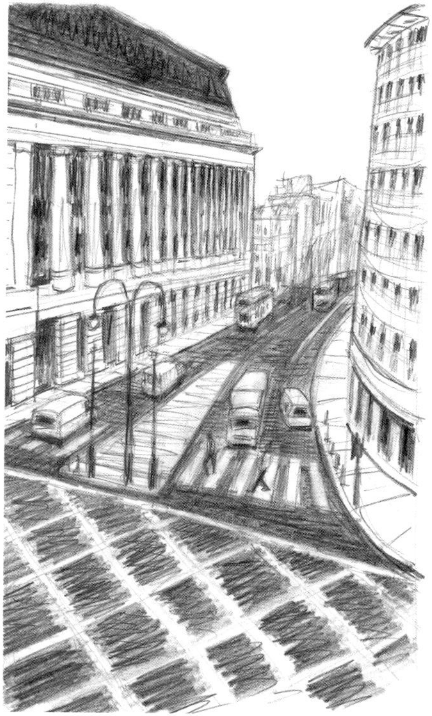

画人像

新手画家都有点害怕画人像，因为人像的形状十分复杂。但是，如果你尽量客观地看待人物，不让自己被面貌和头发的细节所迷惑，把它当成一系列摆着复杂动作的形状画出体形，你可能会发现人像画也是个有趣的主题。最理想的开始方式是在家里，当朋友和家人几乎一动不动地看电视或看书的时候，你会有比较长的作画时间，也不会有太多压力，因为他们的注意力在其他地方，不会为了等你画完而失去耐心。

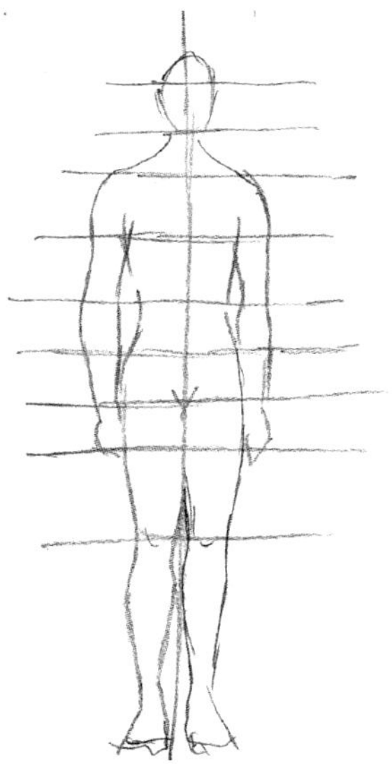

这张比例简图把人体分成了几个部分，现在你就能够明白如何安排整体形状了，而不仅仅只是沿着轮廓边缘作画。标准的人体比例是身高有7.5个头长，但你可以改变它的整体比例。

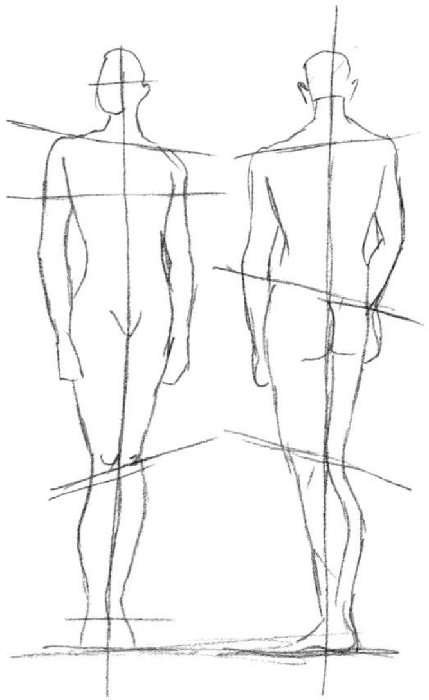

上图中是一位单脚弯曲站立的人，所以身体的角度有所改变。为了保持平衡，一头落下，另一头就会翘起——这很微妙但值得注意。

▷尽管你可以借鉴拍好的照片，但当人物不停地运动时，画人物素描依然比较棘手。我选择画排成一列的人群，因为他们是相对静止的，而且他们更在意站在队伍的前面，而不是注意你在画画。如何画好作品的关键在于人物的重叠部分以及人体比例细微的变化。我从队伍的后面进行观察（最右边），人体的比例当然发生了变化，而且第一幅中体积最小的那位现在是最大的。

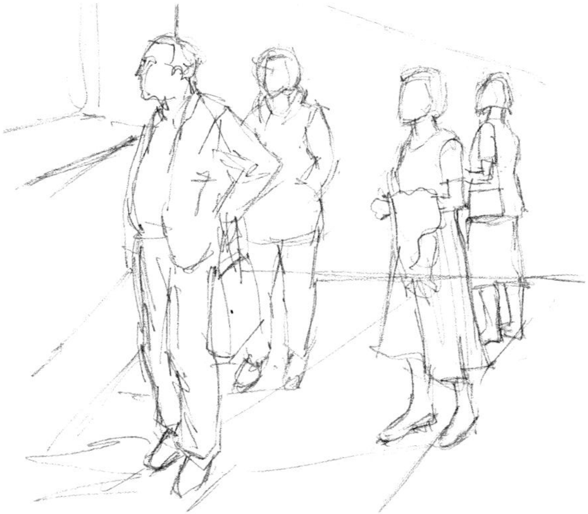

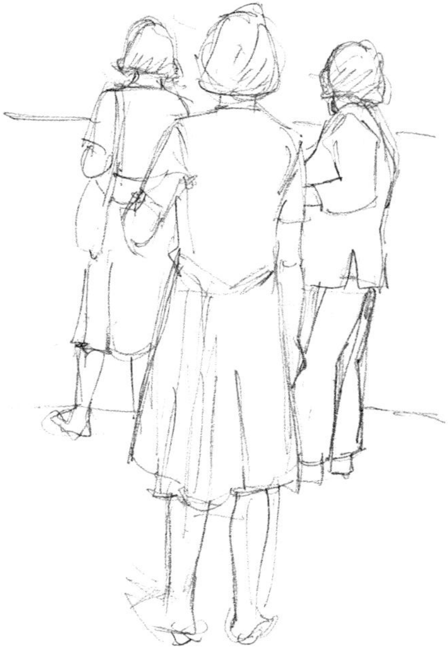

▷仔细观察人物走路的姿态——在你发现他的节奏之前不要动笔。注意他们迈步时，一条腿会比另一条短。

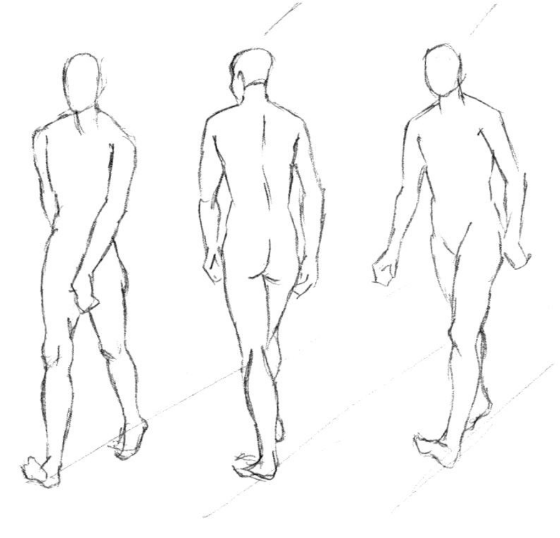

人物运动

如果你勇于尝试，可以尝试画唱歌、跳舞或奏乐的人像。随身携带速写本是个好主意，这样你就会逐步养成一种习惯，习惯把做各种不同事情的人像画下来。

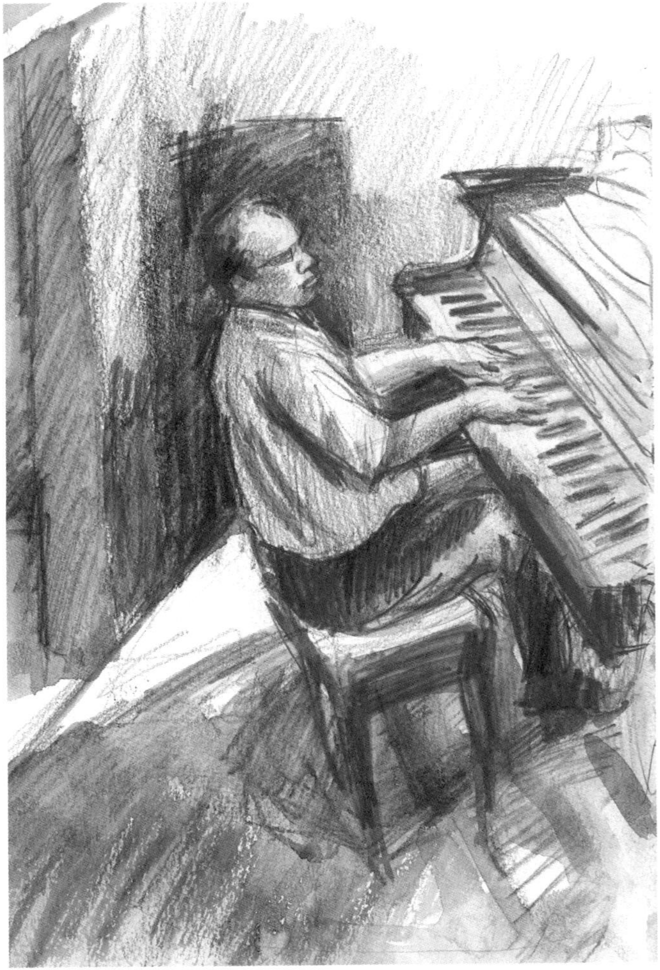

▷我用水溶性铅笔记录下爵士咖啡馆里的一幕。我坐在钢琴师的上方，所以画中的视角十分有趣。

▽画这些演出草图时，我用了铅笔和水彩画颜料。这两种材料都很适合快速绘制富有表现力的作品。

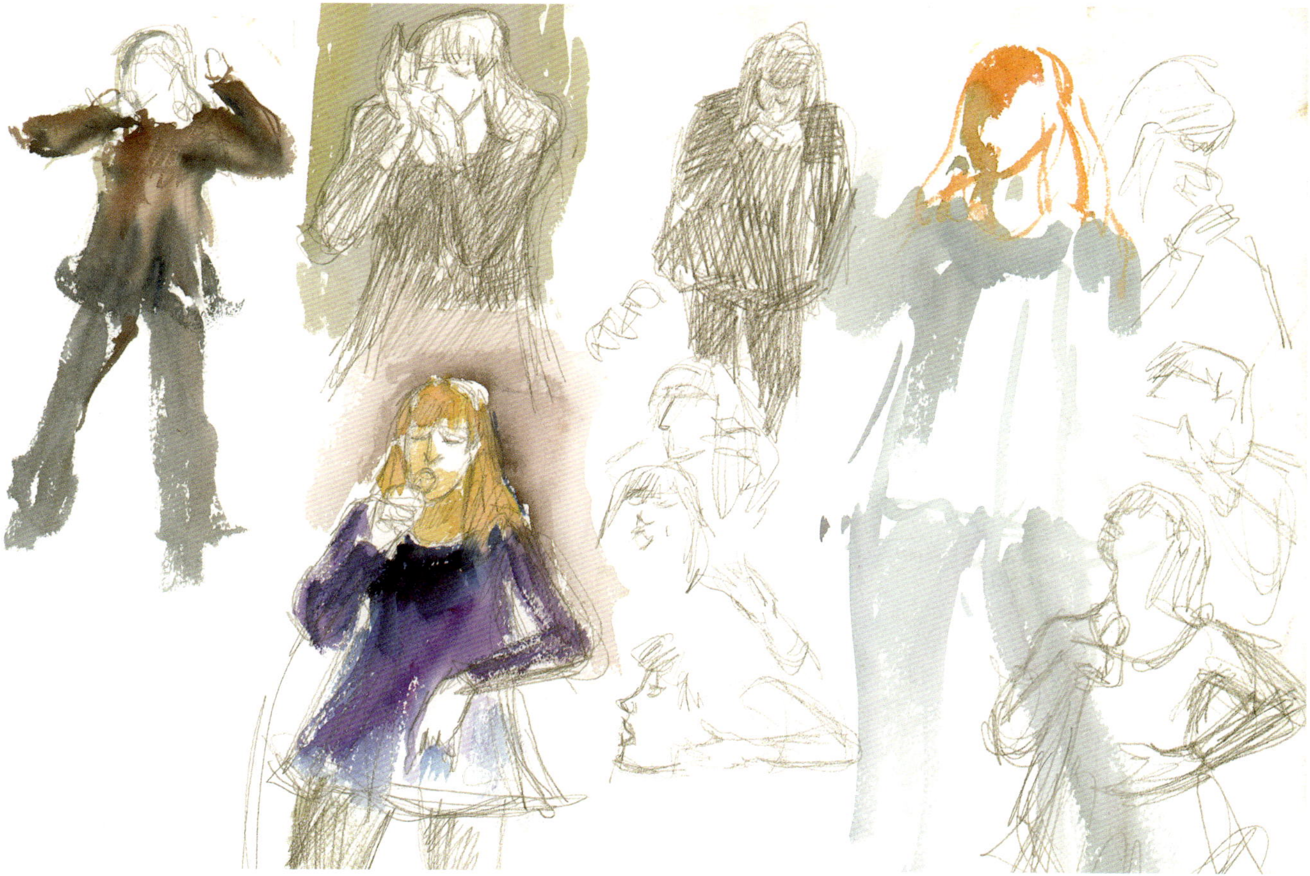

捕捉的静谧时刻

人们不必为了创作有趣的画而故意做一些搞怪的事情；你可以画他们休息的样子，甚至睡觉的样子，从而表现此刻的亲密感。一旦你熟悉人体的各种动作是怎么实现的，你就能够流畅地绘画了。在家里放一面镜子有助于你观察自身的动作。

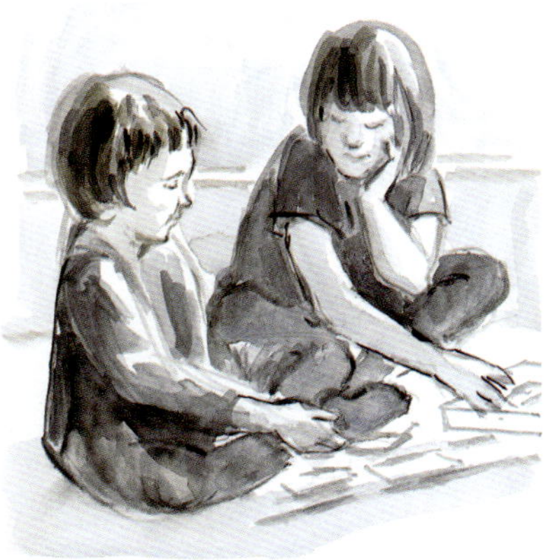

▷这幅画用黑色水彩画颜料捕捉了两个小姐妹一起玩耍的时光。这个场景很安静，所以要采取低调的方式。

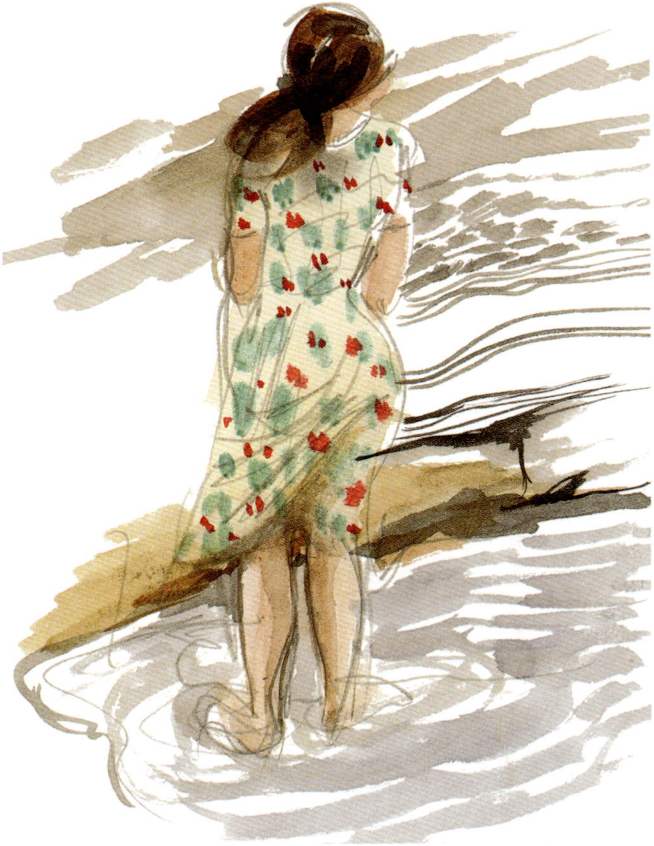

△铅笔和水彩画颜料都特别适合绘制上图这幅随意的海景画。画中有图案的裙子色彩鲜艳。

▷钢笔淡彩画中的男人坐在电视机前，腿上摆着笔记本电脑。钢笔和淡彩剂对营造色调、描绘纹理都很有用。

▽在画床上这对夫妻时，我选择用稀释过的墨水，用它来画床单的折痕是最好的方法。

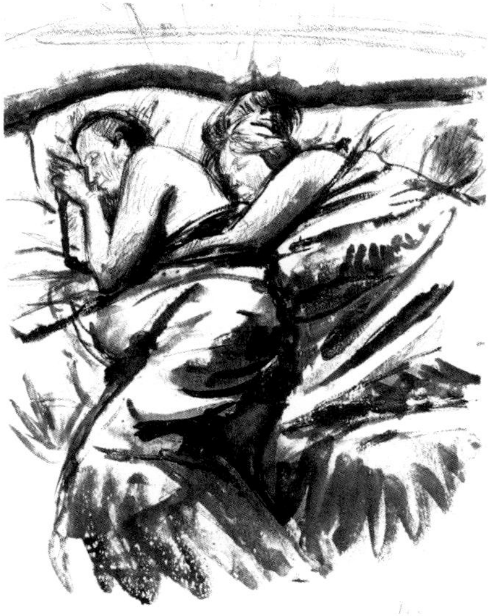

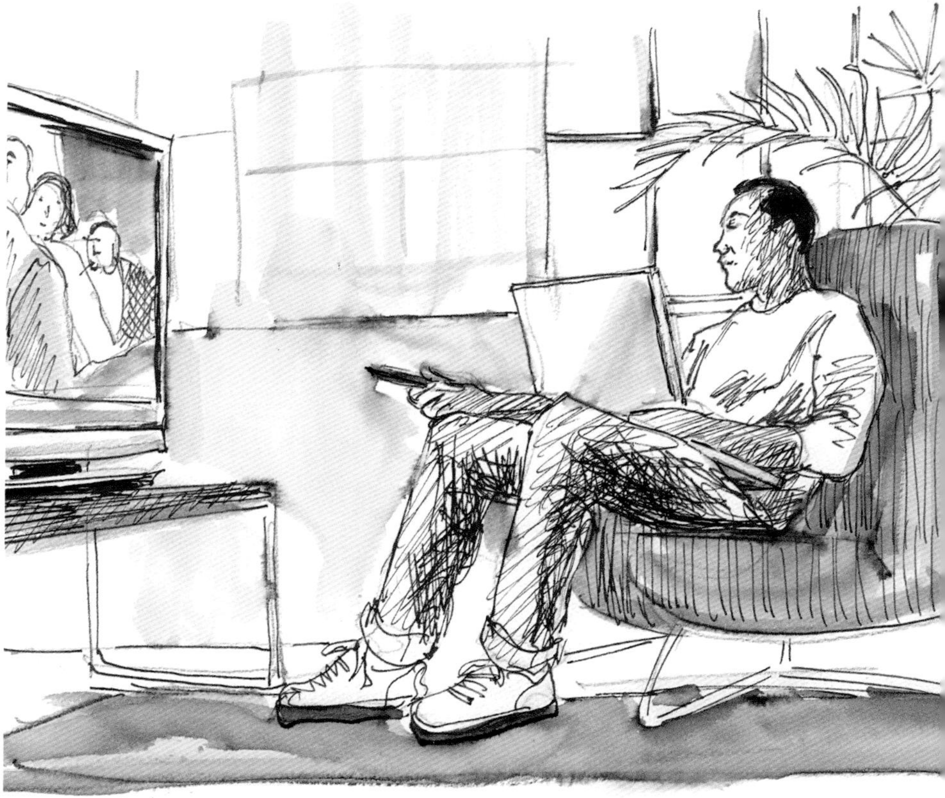

室　内

着手画室内景物最容易的办法就是画自己家以及那些熟悉的物体。

一开始找个角落画最简单的物体，再换个较大的视野。速写需要较长的时间，所以最好找一个视野不会受影响的地方。因为在室内，太阳在天上移动的时候，明暗关系也不会发生太大变化。每一间房间都值得一画，即使里面没有你喜欢的家具和摆件。

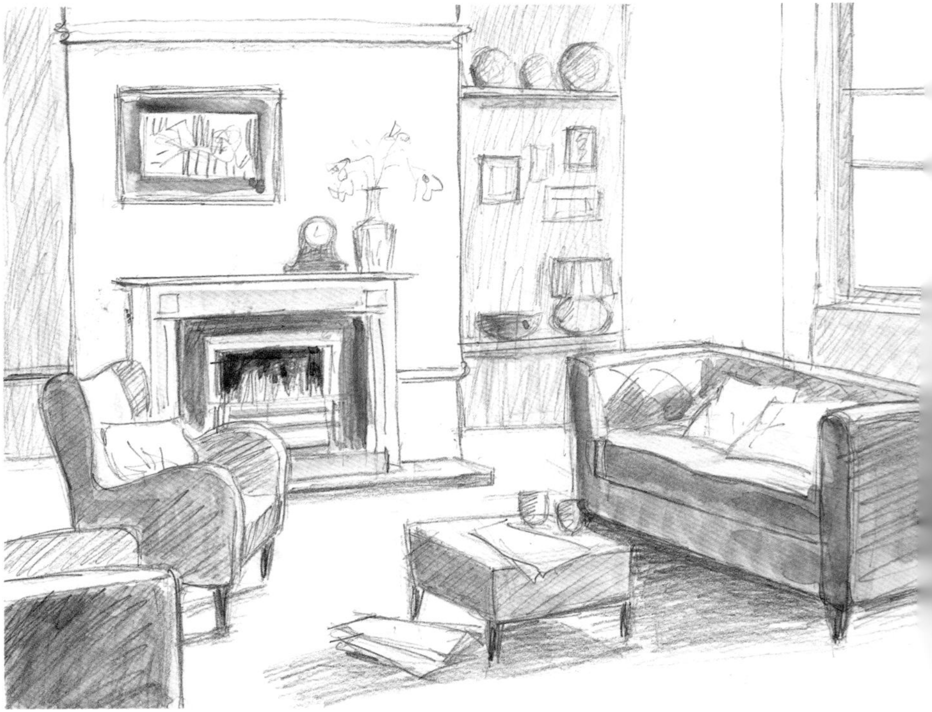

如果你想在其他一些比较安静的室内静静地作画，可以去教堂、当地的博物馆，当然也可以去美术馆。

◁这幅画的视角十分简单。沙发的边缘线和小桌子的边缘线互相平行。像这样整洁的房间画起来总是会比较容易。这幅画中，有我侧重的一部分，而用你的取景器观看这样的房间，你可能会找到你所需要的特写。另外，我采用铅笔和淡彩剂进行绘画。

▷这是简单的一点透视图，一眼就能看到祭坛，石板和椅子逐渐减小。这一点在椅子微妙的角度上也有所体现。我喜欢用红粉笔画的细节来烘托钢笔淡彩画的灰暗。

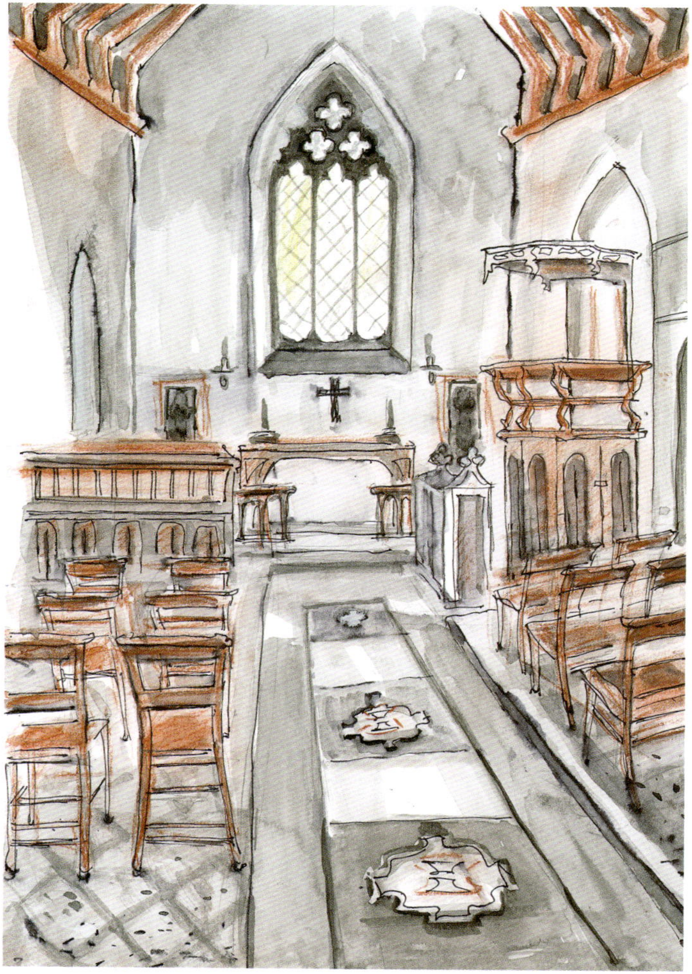

对于艺术家来说，在家里所有的房间中，厨房是最有趣的。厨房里有各种不同的形状，从厨房用具到桌子、椅子。它们必须按照物体之间的比例以及房间的基本结构来画。画面中总是暗含了人类的存在和人体的尺度；室内画以视觉的方式记录了我们的历史，我们住在哪里，又是怎么生活的。隐藏在明暗关系里和绘画材料中的氛围能给室内作品带来生气。可以找那些能看到花园或庭院的门，还有那些光线效果比较特殊或者可以看见远处美景的窗户。

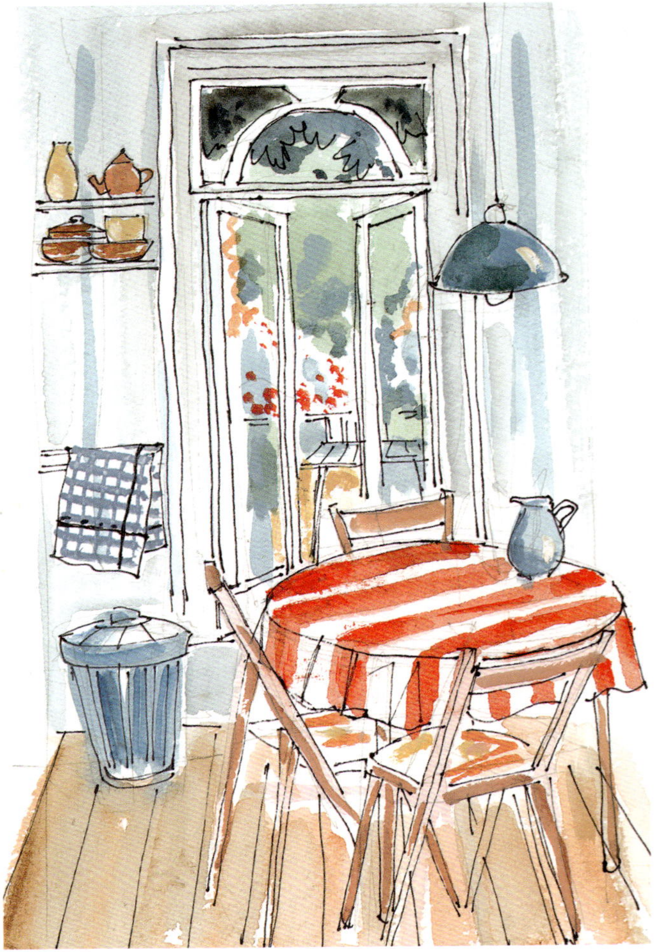

▷右图这幅速写通过钢笔线条和水彩画颜料完成，风格随意。该速写采用直式格式，因为落地窗影响了画作的整体形状。类似这样的自然作品通常比较适合随意涂抹填色，这样能够保留白纸的本色，强调阳光灿烂的亮度。

▽在这里通过点点色彩与水彩画颜料画的图案给作品增添活力，十分有趣。画中的铅笔线条随意粗略，而不是准确再现，这是因为我想让它看起来像家居生活的某一天。我的视角比较高，有点俯视这个房间。

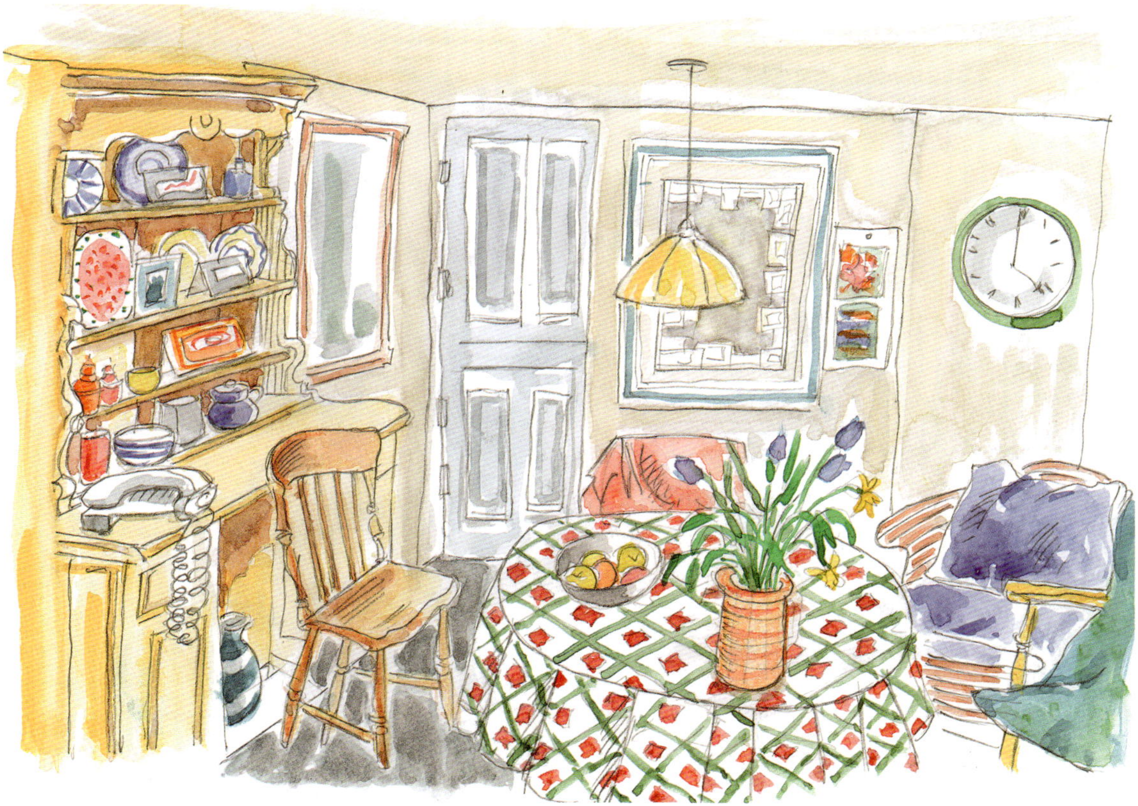

动　物

关于动物最突出的问题就是除了睡觉以外它们老是动来动去。尝试记录它们动作的素描很有趣，创作起来也非常有意思。但是为了画出更加考究的作品，你可能需要借助于照片。我决定把花园里某只狐狸的照片以及稍纵即逝的一瞥结合起来。现在面临的挑战是如何在画面中表现出运动感、纹理和特征。用几根线条来表现宠物睡觉、伸懒腰、吃东西的形态非常具有代表性。

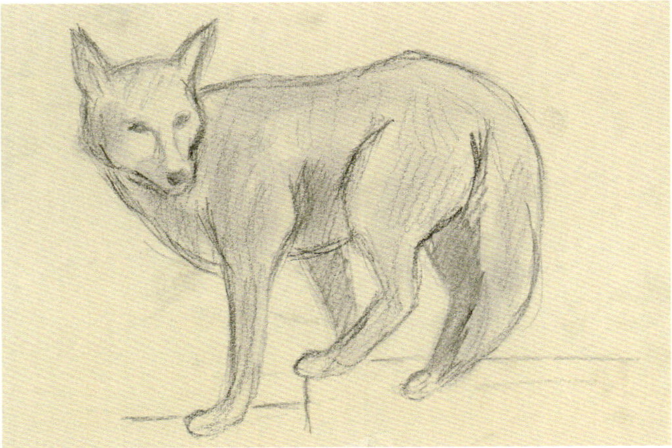

第一步

用炭笔在着色纸上作画，勾勒出狐狸的形状。不仅要注意四肢的位置，还要注意它的投影，从而表现某条腿在另一条的前面。

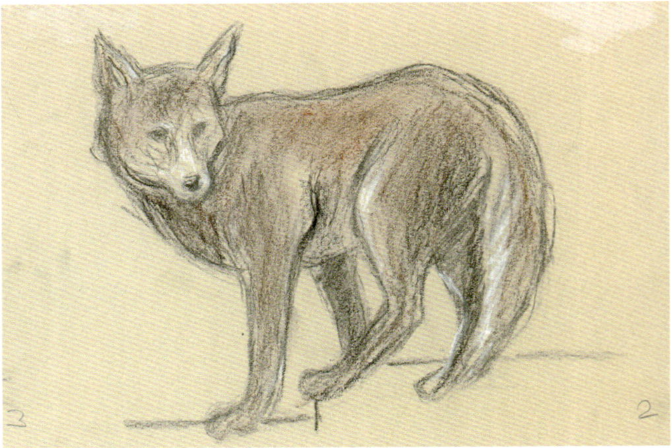

第二步

用红色粉笔加重色调，绘制纹理，在部分亮部添上白色。

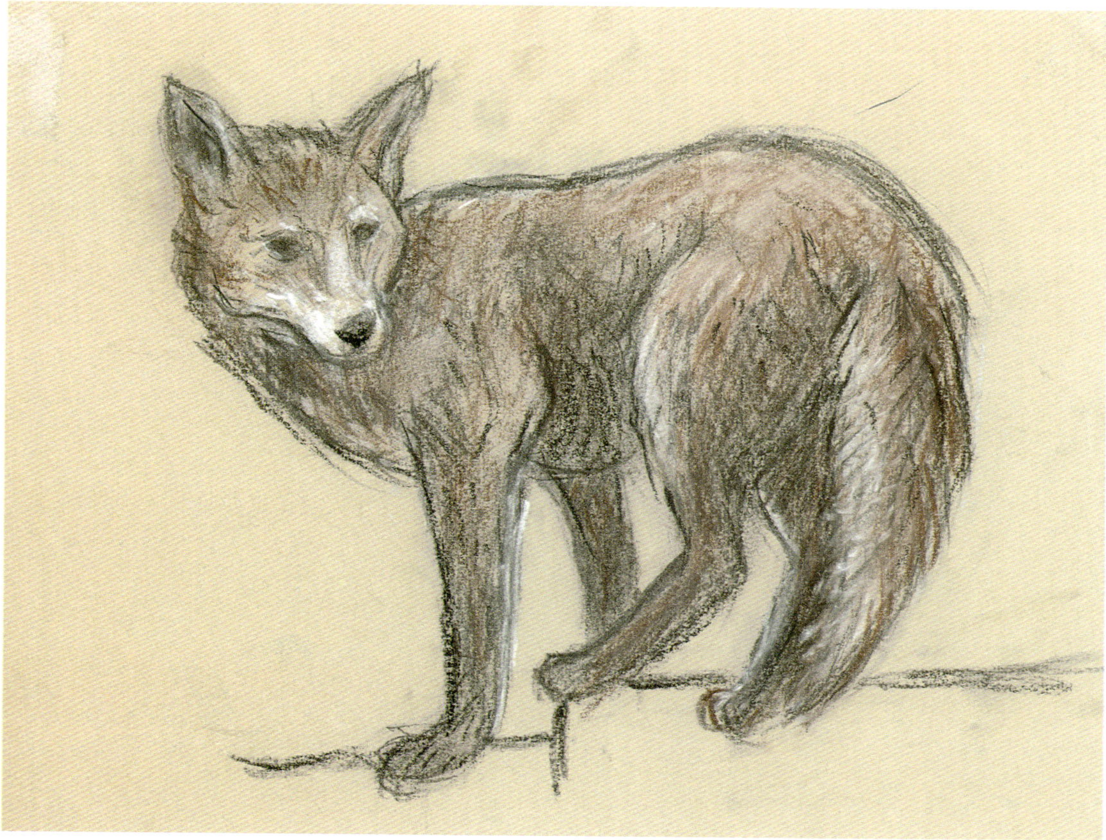

最后一步

用虚线模糊皮毛的纹理，再强化狐狸的面部特征，这样作品就完成了。

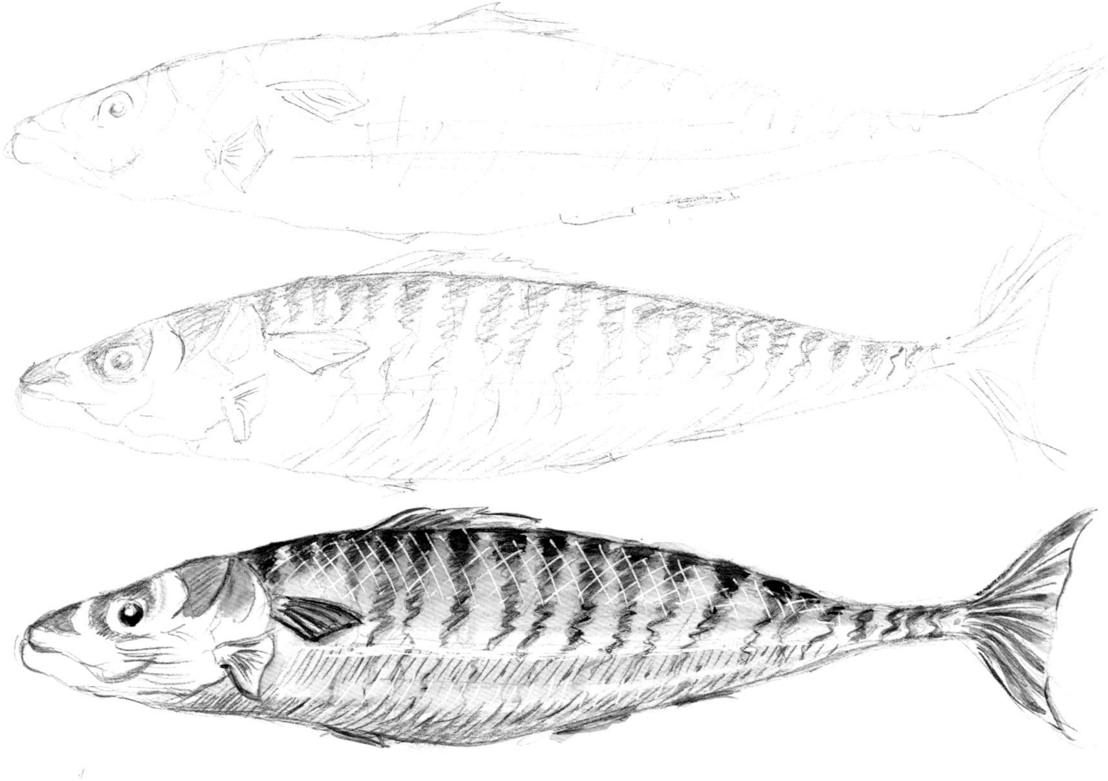

画这条鱼时，我用了铅笔、淡彩剂和白色中性笔。我先画出扁椭圆形的基本形状，勾勒出鳍片、鱼鳞和斑纹，再用黑色水彩画颜料加深图案，最后以白色中性笔结束。它是唯一一支能够成功掩盖黑色笔触的白色笔。

这幅关于鱼的作品也能看作是一幅静物画，例如各种各样的作料以及砧板、菜刀通常是组成静物构图的一部分。

农场是观察动物的好地方，在这里快速素描很有必要。当某种动物重复特有的动作时，通常可以继续完成被打断的作品。

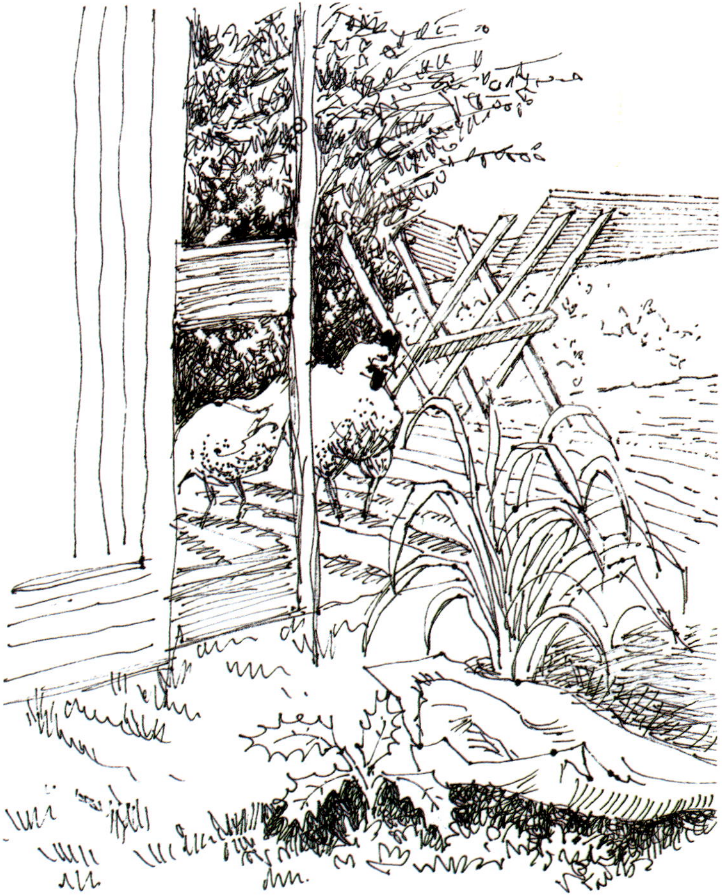

鸡旁边的暗部以及前景中塑料袋下的暗部都加强了画面的空间感，令人身临其境。我喜欢所有画在这幅作品上的不同的纹理。

索　引